Jonas Tewolde

Agiles IT-Projektmanagement mit Scrum

GRIN - Verlag für akademische Texte

Der GRIN Verlag mit Sitz in München hat sich seit der Gründung im Jahr 1998 auf die Veröffentlichung akademischer Texte spezialisiert.

Die Verlagswebseite www.grin.com ist für Studenten, Hochschullehrer und andere Akademiker die ideale Plattform, ihre Fachtexte, Studienarbeiten, Abschlussarbeiten oder Dissertationen einem breiten Publikum zu präsentieren.

Dokument Nr. V183805 aus dem GRIN Verlagsprogramm

Jonas Tewolde

Agiles IT-Projektmanagement mit Scrum

GRIN Verlag

Bibliografische Information der Deutschen Nationalbibliothek: Die Deutsche Bibliothek verzeichnet diese Publikation in der Deutschen Nationalbibliografie; detaillierte bibliografische Daten sind im Internet über http://dnb.d-nb.de/ abrufbar.

1. Auflage 2011
Copyright © 2011 GRIN Verlag GmbH
http://www.grin.com
Druck und Bindung: Books on Demand GmbH, Norderstedt Germany
ISBN 978-3-656-08644-4

Universität Duisburg-Essen

Wirtschaftsinformatik

Agiles IT-Projektmanagement mit Scrum

Autor: Jonas Tewolde

Inhaltsverzeichnis

Bilderverzeichnis

1. Einleitung und Motivation

1.1 Motivation

Projekte gibt es schon seit Jahrtausenden. Bereits vor 4500 Jahren erbauten die Ägypter Pyramiden, Projekte von beachtlicher Größe und enormem Aufwand (Litke 2007, S. 7). Auch heute gibt es Projekte mit enormen Ausmaßen wie z. B. das 2005 in Deutschland eingeführte LKW-Mautsystem. Es gibt aber auch zahlreiche kleinere Projekte, deren Ergebnisse sich z. B. als Software in Motorsteuergeräten moderner Autos, DVD-Player, Handys, Digitalkameras, Kassensysteme im Supermarkt, gmx.de, google.com, facebook.com und vielen weiteren Produkten wiederfinden, die für unser alltägliches Leben von Bedeutung sind.

Für die erfolgreiche und effiziente Abwicklung solcher und anderer Projekte bedarf es einer klaren und systematischen Vorgehensweise (Bea et al. 2008, S. 30). In der Literatur und in der Praxis finden sich hierfür eine Reihe von Methodiken und Vorgehensweisen. Eine davon ist Scrum, das als De-Facto-Standard für agiles Projektmanagement gilt (Gloger 2010, S. 195). Aber was genau ist Scrum, wie funktioniert es, worin unterscheidet es sich von anderen Methodiken und macht der Einsatz überhaupt Sinn? Zur Beantwortung dieser Fragen sind eine umfassende Vorstellung und eine Bewertung von Scrum notwendig. Hilfreich ist auch ein Blick über den Tellerrand der wissenschaftlichen Theorie hinaus in die Praxis, was diese Arbeit leisten wird.

1.2 Ziel

Ziel dieser Arbeit ist es, Scrum umfassend zu beschreiben und anschließend, anhand zuvor diskutierter Kriterien, zu bewerten. Beim Leser soll also ein umfassendes Verständnis für diese agile Projektmanagementmethodik geschaffen werden. Daneben soll es dem Leser ermöglicht werden, Scrum im Kontext seines Arbeitsumfelds bzw. für künftige Projekte kritisch zu bewerten und eine fundierte Entscheidung bezüglich einer Einführung von Scrum zu treffen.

1.3 Vorgehensweise

Zu Beginn wird sich die Arbeit, mithilfe vorhandener Literatur, mit Projekten, Projektmanagement und Projektmanagementmethodiken beschäftigen. Die Einführung in agiles Projektmanagement und dessen Differenzierung zu anderen Methodiken und Vorgehensweisen bildet dann den Übergang zu einer umfassenden Auseinandersetzung mit Scrum. An dieser Stelle wird Scrum detailliert erläutert und es wird beschrieben, wie eine mögliche Einführung praktisch umgesetzt werden kann. Anschließend wird auf Schwierigkeiten und Probleme, die dabei auftreten können, eingegangen. Wie das praktisch aussehen kann, wird mithilfe eines Beispiels aus der Praxis illustriert. Dies bildet dann die Grundlage zu einer abschließenden Bewertung bezüglich der Einsatzmöglichkeiten sowie der Stärken und Schwächen von Scrum.

2. Projektmanagement

2.1 Grundlagen

Um ein gemeinsames Verständnis für die Begriffe Projekt und Projektmanagement zu haben, werden diese hier definiert.

KESSLER UND WINKELHOFER (2004, S. 9–10) beschreiben ein Projekt in Anlehnung an DIN 69 901 als ein Vorhaben, das im Wesentlichen durch die Einmaligkeit seiner Bedingungen in ihrer Gesamtheit gekennzeichnet ist. Als Beispiele zählen sie Zielvorgabe, Abgrenzung von anderen Vorhaben, begrenzte Ressourcen und eine projektspezifische Organisation auf. Als weitere Eigenschaften eines Projekts nennen sie unter anderem Neuartigkeit, Komplexität, klare Zielsetzung und zeitliche Begrenzung. Ferner definieren sie Projektmanagement als das erforderliche Management, um ein Projekt in einer bestimmten Art, zu einer bestimmten Zeit mit einem bestimmten Einsatz von Ressourcen zu einem bestimmten Ergebnis zu bringen. Basierend auf der DIN 69 901 beschreiben sie Projektmanagement auch als Gesamtheit von Führungsaufgaben, -organisationen, -techniken und -mitteln für die Abwicklung eines Projekts.

BEA, ET AL. (2008, S. 31) definieren ein Projekt ähnlich als ein zeitlich befristetes Vorhaben, das sich neben seiner Neuartigkeit und Einmaligkeit auch durch seine Größe und Komplexität auszeichnet. Ohne den Begriff Unternehmenswert explizit zu definieren, identifizieren BEA, ET AL. (2008, S. 36) dessen Steigerung als die wichtigste Zielsetzung des Projektmanagements. Dazu trage das Projektmanagement mit einer effizienten Planung, Umsetzung und Kontrolle einzelner Projekte bei. Realisiert wird der Wertbeitrag eines Projekts durch ein systematisches Vorgehen.

VERSTEEGEN, ET AL. (Versteegen et al. 2001, S. 209–210) liefern keine vollständige Definition für das Projektmanagement, identifizieren aber aus Unternehmenssicht Termin- und Budgeteinhaltung und aus Kundensicht die Erfüllung seiner Anforderungen zum vereinbarten Zeitpunkt als wesentliche Kriterien.

Auch wenn es, wie VERSTEEGEN ET AL. (Versteegen et al. 2001, S. 209) anmerken, keine einheitliche Definition für das Projektmanagement in der Softwareentwicklung gibt, findet sich im intendierten Ziel, ein Projekt erfolgreich abzuschließen, eine wesentliche Gemeinsamkeit. Diese Arbeit orientiert sich bezüglich der Betrachtung des Projektmanagements ebenfalls an dieser Sichtweise und den von VERSTEEGEN ET AL. genannten Kriterien Termineinhaltung, Budgeteinhaltung und Anforderungserfüllung.

2.2 Methodiken im IT-Projektmanagement

Aufbauend auf das vorige Kapitel, werden hier einige Methodiken für das Management von IT-Projekten exemplarisch vorgestellt. Damit soll eine Grundlage geschaffen werden, mit der später Scrum verglichen werden kann. Als IT-Projekte werden in dieser Arbeit solche verstanden, deren Ziel die Entwicklung von Produkten aus dem Bereich Informationstechnik ist.

2.2.1 Wasserfall-Modell

Das Wasserfall-Modell ist das älteste im Software-Engineering bekannte Vorgehensmodell. Kennzeichnend für das Wasserfall-Modell ist das sequentielle Abarbeiten der einzelnen Phasen. In jeder Phase wird ein Ergebnis produziert, das einer Qualitätskontrolle unterzogen und als Input der nächsten Phase bereitgestellt wird. Alternativ ist auch ein Rücksprung in die vorangegangene Phase möglich. (Ruf und Fittkau 2008, S. 31; Versteegen 2002, S. 30–31)

Die Stärke des Wasserfall-Modells ist gleichzeitig auch seine Schwäche. Da die Projektdetails bereits zu Beginn festgelegt und vom Kunden abgenommen werden, können spätere Änderungen gering gehalten werden. Dadurch lässt sich eine bessere Steuerbarkeit und Berechenbarkeit des Projekts bezüglich Zeit und Kosten erreichen. Der Versuch, Änderungen möglichst gering zu halten, macht es aber auch schwierig, während des Projekts erzielte Lerneffekte in das Projekt mit einfließen zu lassen. (Poppendieck und Poppendieck 2003, S. 25)

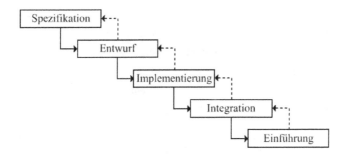

Bild 1 Wasserfall-Modell

Quelle: in Anlehnung an RUF UND FITTKAU (2008, S. 31)

Alternative Darstellungen des Wasserfall-Modells, die sich primär in der Auswahl der verwendeten Phasen unterscheiden, finden sich unter anderem bei MADACHY (2008, S. 31), SCHÖNSLEBEN (2001, S. 107) und STOBBS (2000, S. 56).

2.2.2 V-Modell XT

Der Standard für die Entwicklung und Wartung von Software aller deutschen Bundesministerien ist das V-Modell, welches 1992 erstmals veröffentlicht wurde und seitdem ständig weiter entwickelt wird (Bernhard et al. 2003, S. 289). Die derzeit aktuelle Version ist das 2005 veröffentlichte V-Modell XT. Dieses deckt eine ganze Reihe von Projekttypen und Disziplinen wie beispielsweise Projektmanagement, Qualitätssicherung, Konfigurationsmanagement oder Ausschreibung und Vergabe ab. (Kirk 2010, S. 26–27) Ein durch das Suffix XT im Namen dargestellter Unterschied und wesentlicher Bestandteil des V-Modell XT gegenüber den vorherigen Versionen, ist das eXtreme Tailoring, womit gemeint ist, dass sich das Modell an die gegebenen Erfordernisse des Unternehmens und des Projekts anpassen lässt. (Faerber 2010, S. 17) Das zentrale Element des Tailoring sind Vorgehensbausteine, die jeweils eine eigenständige Einheit darstellen und die wesentlichen Inhalte des V-Modell XT enthalten. Diese können verändert und erweitert werden, und beinhalten alle notwendigen Aktivitäten und zu erstellenden Produkte, einschließlich der mitwirkenden Rollen, die zur Erfüllung von Aufgabenstellungen im Rahmen eines V-Modell-Projekts relevant sind. Einige dieser Vorgehensbausteine werden zusammen als der V-Modell-Kern bezeichnet, der ein Mindestmaß an Qualität in der Projektdurchführung garantieren soll und für jedes Projekt obligatorisch ist. Zu diesem V-Modell-Kern gehören die Vorgehensbausteine Projektmanagement, Qualitätssicherung, Konfigurationsmanagement und Problem- und Änderungsmanagement.

In welcher Reihenfolge die Vorgehensbausteine angewendet werden, ist nicht vorgegeben, sondern hängt von der Projektdurchführungsstrategie ab, die festlegt, wann welches Produkt zu erstellen ist. Als Produkt werden alle zentralen Zwischen- und Endergebnisse des Projekts verstanden. Die Projektdurchführungsstrategie wird auf Basis des Projekttyps (unterstützt werden die Typen Systementwicklungsprojekt als Auftraggeber, als Auftragnehmer, Systementwicklungsprojekt innerhalb der Organisation und Einführung und Pflege eines organisationsspezifischen Vorgehensmodells) und der Projektvariante, die den Projekttyp näher charakterisiert, entwickelt. Neben der Projektdurchführungsstrategie werden auch sogenannte Entscheidungspunkte definiert, die einen Meilenstein darstellen, an dem der Projektfortschritt geprüft und gegebenenfalls das weitere Vorgehen freigegeben wird. In Bild 2 finden sich alle vorgesehenen Entscheidungspunkte, die entsprechend der in der Legende dargestellten Aufteilung in vier Bereiche farblich markiert sind.

Die grundlegende Struktur des Projektverlaufs ergibt sich damit durch die Projektdurchführungsstrategie und die Entscheidungspunkte. (Abrahamsson 2002, S. 15–22)

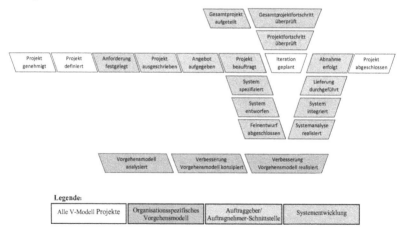

Bild 2 V-Modell XT

Quelle: V-Modell XT (2002, S. 22)

2.2.3 Extreme Programming

Das von Kent Beck, Howard Cunningham und Ron Jeffries entwickelte Extreme Programming zählt zu den bekanntesten Vertretern der agilen Methodiken und Modellen. Extreme Programming kennzeichnet sich durch die fünf grundlegenden Werte Kommunikation (zwischen allen Beteiligten), Einfachheit (von Lösungen), (frühes und ständiges) Feedback, Mut (zum Handeln), Respekt (gegenüber Anderen und dem Projekt) und Andere (vom Team gewählte Werte). (Beck 2003, S. 18–22)

Aus diesen Werten leiten sich eine Reihe von Handlungspraktiken ab, die sich vereinzelt bereits bewährt haben und eine Verbesserung bringen können, aber erst in der den Werten entsprechenden und den vorherrschenden Erfordernissen ausgerichteten Kombination sich gegenseitig verstärken und einen deutlich spürbaren Nutzen bringen. (Beck 2003, S. 35–36; Litke 2007, S. 276) Im Folgenden sind einige dieser Handlungspraktiken exemplarisch beschrieben:

- Pair Programming: An einem Arbeitsplatz sitzen zwei Entwickler, von denen einer aktiv programmiert und vom zweiten unterstützt wird.

- Test-First-Programming: Bevor Code geschrieben oder geändert wird, werden für das gewünschte Resultat Testfälle geschrieben.

- Ständige Integration: Die Integration und der Test von Änderungen erfolgt alle paar Stunden oder häufiger.

- Geteilter Code: Jeder Entwickler kann zu jedem Zeitpunkt an jeder beliebigen Stelle im System am Code arbeiten und diesen verbessern.

- Ursachenanalyse: Bei jedem gefundenen Fehler wird neben dessen Behebung auch nach der Ursache geforscht und diese beseitigt.

- Echte Kundeneinbindung: Diejenigen, die das Produkt später nutzen, werden direkt in das Team eingebunden.

(Beck 2003, S. 37–70)

Wie aufgrund der Bezeichnung Extreme Programming schon vermutet werden kann, legt diese Methodik den Fokus auf die Softwareentwicklung, insbesondere das Programmieren. Bereiche wie Marketing, Vertrieb oder Management liegen außerhalb der Betrachtung. Genauso wenig kennt Extreme Programming feste Rollen. Stattdessen wird von jedem Teammitglied erwartet, sein bestmöglichstes zu tun, um zum Projekterfolg beizutragen. (Beck 2003, S. 82–85)

Anzumerken ist noch, dass während LITKE (2007, S. 273) und HOFFMANN (2008, S. 507) die Eignung von Extreme Programming nur für kleine bis mittelgroße Teams als gegeben sehen, ist diese BECK UND ANDRES (2003, S. 3) zufolge auch für große Projekte und Teams geeignet, wenn entsprechend angepasst und skaliert wird.

2.3 Agiles Projektmanagement

Einige Projektmanagementmethodiken wurden bereits vorgestellt. Eine weitere ist das agile Projektmanagement, welches mehr ist als nur eine Methodik. Was das bedeutet, wird im Folgenden beantwortet.

2.3.1 Einführung

In den letzten rund 40 Jahren, in denen Vorgehensmodelle und Methodiken erschienen sind, lässt sich ein klarer Trend hin zu einem immer größeren Umfang und Komplexität erkennen. Während das Wasserfall-Modell (➔ 2.2.1) noch relativ leicht zu Beschreiben ist, erfordert das V-Modell XT (2002) eine umfassende Einarbeitung. Daneben werden traditionellen Vorgehensmodellen und Methodiken eine durch zu starre Strukturen bedingte Inflexibilität, eine mangelnde Einbeziehung des Kunden in die Entwicklungsprozesse und ein hoher Dokumentationsaufwand vorgeworfen. Als Gegengewicht dazu erschienen in den 1990er Jahren die ersten agilen Methodiken, die das Ziel hatten, Software-Entwicklungsprozesse zu verschlanken und deren Komplexität zu reduzieren. (Hoffmann 2008, S. 506–507; Vigenschow 2008) Zu diesen zählt GLOGER (2010, S. 195) neben Scrum das Extreme Programming (Beck 2003) von Kent Beck und Ward Cunningham, Crystal Clear von Alistair Cockburn (Cockburn 2005) und Feature Driven Development von Jeff DeLuca und Peter Coad (De Luca o. J.). Als weitere bekannte Vertreter nennt SEIBERT (2007, S. 42–43) auch Adaptive Software Development von James Highsmith (Highsmith 2000) und Lean Software Development von Mary und Tom Poppendieck (Poppendieck und Poppendieck 2003).

Im Februar 2001 trafen sich 17 Leute in Utah, darunter einige der eben genannten Vertreter agiler Methodiken sowie Softwarespezialisten aus unterschiedlichen Bereichen, die eines gemeinsam hatten: Sie sahen die Notwendigkeit für eine Alternative zu schwergewichtigen Software-Entwicklungsmethodiken. In den drei

Tagen, die sie gemeinsam verbrachten, gründeten sie die „Agile Alliance" und entwickelten das „Manifesto for Agile Software Development" auch bekannt als das Agile Manifest. (Highsmith 2001)

2.3.2 Das Agile Manifest

Agile Entwicklung ist nicht einfach eine Methodik, ein Modell oder ein Prozess. Es ist eine Philosophie. Es ist die Denkweise wie sie vom agilen Manifest vorgesehen und durch vier Bewertungen und zwölf Prinzipien beschrieben ist. (Shore und Warden 2008, S. 9)

Das Agile Manifest (→ Bild 3) beginnt mit der Aussage, dass dessen Verfasser durch ihre Praxis bessere Wege der Softwareentwicklung finden und anderen dabei helfen. Daraus lässt sich schließen, dass das agile Manifest nicht nur theoretischer Natur ist, sondern aus der praktischen Erfahrung vieler Spezialisten der Softwareentwicklung resultiert. Durch diese Arbeit, so die Verfasser, kommen sie zu den folgenden Bewertungen:

1. Individuen und Interaktionen sind wichtiger als Prozesse und Werkzeuge

Im Vordergrund stehen die einzelnen Menschen, die zusammen entwickeln und miteinander sowie mit ihrer Umwelt interagieren. Auch wenn Werkzeuge und Prozesse durchaus wichtig sind, dürfen sie die Arbeit der Menschen nicht einschränken. Während es die Menschen sind, die ein Projekt voranbringen, sollen ihnen Prozesse und Werkzeuge lediglich als Hilfsmittel dienen, um das Projektziel zu erreichen. (Bleek und Wolf 2008, S. 14–15)

2. Lauffähige Software ist wichtiger als umfassende Dokumentation

Lucius Annaeus Seneca schrieb einst: „Longum iter est per praecepta, breve et efficax per exempla", was etwa so viel bedeutet wie: Lang ist der Weg durch Lehren, kurz und wirkungsvoll durch Beispiele. (Lautenbach 2002, S. 375) Während die Dokumentation von Funktionalität als Lehre bezüglich der Software betrachtet werden kann, ist lauffähige Software zur Präsentation der Funktionalität wirkungsvoller. Hinzu kommt, dass lauffähige Software der Maßstab ist, mit dem der Projektfortschritt nachgewiesen wird. Daher steht lauffähige Software im Vordergrund und sollte möglichst früh und oft präsentiert werden können. Dokumentation sollte zugunsten lauffähiger Software eingespart werden und nur in dem Umfang erstellt werden, der für die Erreichung des Projektziels erforderlich ist und dabei einfach, präzise, klar, widerspruchsfrei und angemessen bezüglich des Verhältnisses von Aufwand und Nutzen sein. Der Transfer von Wissen sollte weniger durch Dokumentation und mehr durch Interaktion und Kommunikation erfolgen. (Bleek und Wolf 2008, S. 14–15; Koch 2008, S. 74–75)

3. Zusammenarbeit mit dem Kunden ist wichtiger als Vertragsverhandlungen

Insbesondere bei innovativen Produkten unterliegen Anforderungen einer hohen Unsicherheit, so dass es selten möglich ist, diese und andere Details wie Budget oder Entwicklungsdauer im Rahmen von Vertragsverhandlungen bereits zu Beginn des Projekts präzise festzulegen und auch einzuhalten. Dies wird auch vom jährlich erscheinenden Chaos Report der Standish Group (2009) bestätigt, der besagt, dass nur in etwa einem Drittel aller IT-Projekte innerhalb der vorgegebenen Zeit mit dem geplanten Budget die gewünschten Anforderungen realisiert werden. Die Entwicklung einer brauchbaren und dem Kundenwunsch gerecht werdenden Software ist nur dann möglich, wenn mit dem Kunden und den Anwendern zusammengearbeitet wird. Auch wenn Vertragsverhandlungen vor Projektbeginn erforderlich sind, dürfen sie die spätere Zusammenarbeit nicht behindern. In den Vertragsverhandlungen sollten lediglich grobe Rahmenbedingungen festgelegt werden, die nach und nach zusammen mit dem Kunden präzisiert werden. Dies und die ständige Möglichkeit des Teams, vom Kunden Feedback zu erhalten bzw. zu erfragen, erhöht die Wahrscheinlichkeit, dass Anforderungen richtig verstanden und durch eventuelle Spekulationen bezüglich der Kundenwünsche entstandene falsche Annahmen für die Entwicklung vermieden werden. Auch die Wahrscheinlichkeit, dass zu einem späten Zeitpunkt beim Kunden Änderungswünsche auftreten, reduziert sich damit. (Dubinsky und Hazzan 2008, S. 10; Koch 2008, S. 76)

4. Die Reaktion auf Veränderungen ist wichtiger als das Befolgen der Planung

Während eines Projekts können ständig neue Erkenntnisse und Lerneffekte auftreten. So kann für das geplante Produkt die Notwendigkeit weiterer oder die Zwecklosigkeit geplanter Funktionen erkannt werden. Effizienzhemmer in bestimmten Vorgehensweisen können durch Lerneffekte vermieden werden. Es gibt viele unterschiedliche Veränderungsmaßnahmen, die erkannt werden und eine Verbesserung für den Projektablauf bedeuten können. Daher wird die Reaktion auf Veränderungen als wichtiger bewertet als das sture Befolgen von Plänen. (Bleek und Wolf 2008, S. 15)

Im Anschluss an diese vier Bewertungen folgt die Aussage, dass die Autoren zwar den Werten auf der rechten Seite einen Wert beimessen, denen auf der linken Seite jedoch einen höheren Wert zuschreiben.

Manifesto for Agile Software Development

We are uncovering better ways of developing software by doing it and helping others do it. Through this work we have come to value:

Individuals and interactions over processes and tools

Workings software over comprehensive documentation

Customer collaboration over contract negotiation

Responding to change over following a plan

That is, while there is value in the items on the right, we value the item on the left more.

Kent Beck	James Grenning	Robert C. Martin
Mike Beedle	Jim Highsmith	Steve Mellor
Arie van Bennekum	Andrew Hunt	Ken Schwaber
Alistair Cockburn	Ron Jeffries	Jeff Sutherland
Ward Cunningham	Jon Kern	Dave Thomas
Martin Fowler	Brian Marick	

© 2001, the above authors: This declaration may be freely copied in any form, but only in its entirety through this notice.

Bild 3 Manifesto for Agile Software Development
Quelle: BECK ET AL. (2001)

2.3.3 Prinzipien des agilen Manifest

Hinter den oben genannten Werten des agilen Manifests stehen die folgenden zwölf Prinzipien[1]:

1. Die höchste Priorität hat die schnelle und stetige Zufriedenstellung des Kunden mit brauchbarer Software.

2. Selbst in späten Entwicklungsstadien sind Änderungswünsche stets willkommen. Agile Prozesse nutzen diese zur Schaffung von Wettbewerbsvorteilen für den Kunden.

3. Liefere häufig lauffähige Software, sei es alle paar Wochen oder alle paar Monate. Bevorzuge dabei kürzere Zeitabstände.

4. Entwickler und Geschäftsleute müssen über die gesamte Laufzeit des Projekts Tag für Tag zusammen arbeiten.

5. Setze für Projekte motivierte Leute ein und gib ihnen die Umgebung und Unterstützung, die sie benötigen und vertraue darauf, dass sie die Aufgabe meistern.

6. Die Wirksamste und effizienteste Art der Kommunikation mit und in einem Entwicklerteam ist die direkte Besprechung von Angesicht zu Angesicht.

7. Lauffähige Software ist der Hauptmaßstab des Entwicklungsfortschritts.

8. Agile Prozesse fördern eine nachhaltige Entwicklung. Die Geldgeber, die Entwickler und die Benutzer sollten im Stande, sein ein dauerhaft gleichmäßiges Tempo beizubehalten.

9. Die ständige Beachtung technischer Feinheiten und guten Designs fördert Agilität.

10. Einfachheit, die Kunst der Maximierung nicht zu erledigender Arbeit, ist essentiell.

11. Die besten Architekturen, Anforderungen und Designs kommen von sich selbst organisierenden Teams.

12. Das Team reflektiert regelmäßig darüber, wie es sich selbst in Bezug auf seine Wirksamkeit verbessern kann und passt sein Verhalten dementsprechend an.

(The Agile Alliance)

---

[1] Die Nummerierung soll hier keine Rangfolge oder Gewichtung suggerieren, sondern nur einen Bezug zu den einzelnen Punkten erlauben.

Auf dem agilen Manifest basieren viele agile Methodiken, die aus einer Kombination verschiedener Praktiken, wie z. B. Pair Programming, regelmäßige Retrospektiven etc., bestehen. Auch wenn der Anschein entstehen kann, dass man durch eine Kombination diverser Praktiken einfach eine völlig neue, an die eigenen Bedürfnisse angepasste, agile Entwicklungsmethodik konstruieren kann, sollte man dies vermeiden. Eine agile Methodik ist mehr als nur die Summe seiner Praktiken. Die Kombination der Praktiken einer agilen Methodik ist ein Ausdruck der ihr zugrunde liegenden Prinzipien und um eine agile Methodik zu beherrschen ist es notwendig, diese Prinzipien verstanden zu haben. (Shore und Warden 2008, S. 10-11, 357)

3. Scrum

3.1 Grundlagen und Geschichte

Dieses Kapitel führt in die laut HAMMERSTEIN (Hammerstein 2009, S. 29) am weitesten verbreitete agile Methodik Scrum ein und beantwortet die Frage nach dessen Herkunft.

Der Begriff Scrum ist weder eine Abkürzung, noch ist es ein Akronym, sondern stammt aus dem Sport Rugby und betitelt eine Standardsituation zur Wiederaufnahme des Spiels, in der sich eine bestimmte Anzahl an Mitspielern beider Mannschaften in einer Art Gedränge dicht gegenübersteht, um durch wegschieben der jeweils anderen Mannschaft in den Ballbesitz zu kommen. In dieser Situation kann sich eine Mannschaft nur dann den Ballbesitz erkämpfen, wenn sie erfolgreich zusammenarbeitet. (Mitchell et al. 2006, S. 190; Schwaber und Beedle 2002, S. 121–122)

Auch wenn zunächst Extreme Programming ein gewisse Verbreitung fand, sieht SEIBERT (2007, S. 41–42) Scrum als repräsentatives Beispiel für agile Methodiken. GLOGER (2010, S. 195) geht noch einen Schritt weiter und bezeichnet Scrum als De-Facto-Standard der agilen Softwareentwicklung. Den Grund dafür sehen beide darin, dass, während Extreme Programming klare Vorgaben zur Entwicklung macht, Scrum eher auf das Management ausgerichtet ist. Bestätigt wird dies auch durch das Ergebnis einer Studie (Wolf und Roock 2008, S. 10), wonach zwar Extreme Programming unter den Befragten mit 93 Prozent eine höhere Bekanntheit genießt als Scrum mit 74 Prozent, was aber den erfolgreichen Einsatz betrifft mit 14 Prozent deutlich hinter Scrum liegt, das mit 21 Prozent die am häufigsten erfolgreich eingesetzte agile Methodik unter den Befragten ist.

Das erste Mal wurde Scrum 1993 unter Anleitung von Ken Schwaber eingesetzt, nachdem dieser den CEO der Easel Corporation von den Vorteilen dieser Methodik überzeugte. Das Resultat war nicht nur ein Produkt mit allen zum Schluss gewollten (und nicht ursprünglich gedachten) Funktionalitäten, sondern auch, dass ein von diesem CEO verantworteten Projekt termingerecht zum erfolgreichen Abschluss gebracht werden konnte. (Sutherland 2004, S. 1–3)

In Scrum werden die Anforderungen und Eigenschaften, die für das zu entwickelnde Produkt realisiert werden sollen, vom Product Owner im Product Backlog (→ 3.3.1) gesammelt und verwaltet. Die wichtigsten daraus legt er im Sprint Planning Meeting (→ 3.5.2) vor, von denen das Team diejenigen auswählt, die es in der nächsten Iteration realisieren kann. Aus diesen leitet sich das Team Aufgaben ab und hält sie im Sprint Backlog (→ 3.3.2) fest. Während der Iteration, die in Scrum als Sprint (→ 3.4) bezeichnet wird, arbeitet das Team den Sprint Backlog eigenverantwortlich ab und validiert dabei im 24-Stunden- Rhythmus seinen Fortschritt im Daily Scrum (→ 3.5.3). Das Ziel jeder Iteration ist es, ein potentiell auslieferbares Produkt fertig zu stellen. Bild 4 veranschaulicht grob diese Vorgänge.

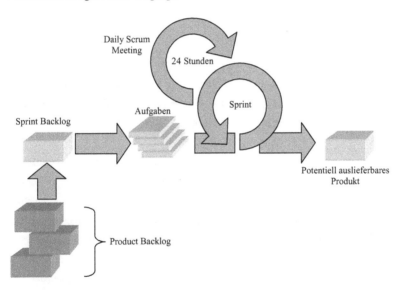

Bild 4 Grafische Darstellung der Scrum Prozesse
Quelle: In Anlehnung an COHN (2010b, S. 167)

Durch das Sprint Planning Meeting, dem Daily Scrum sowie dem Sprint Review (→ 3.5.5) und der Retrospektive (→ 3.5.6) findet in Scrum eine empirische Prozesssteuerung statt, mit welcher die Produktivität und die Entwicklungsrichtung in Bezug auf das Ziel ständig überwacht und angepasst sowie die gemeinsame Arbeit reflektiert und entsprechend verbessert werden. (Hammerstein 2009, S. 30; Schwaber und Sutherland 2010, S. 4)

Scrum gibt, wie bei agilen Methodiken üblich, nicht viele Regeln vor. (Coldeway 2003, S. 52) Um aber die Einhaltung der vorhandenen Regeln und das Funktionieren von Scrum sicherzustellen, gibt es den Scrum Master (→ 3.2.2), der neben dem Product Owner und dem Team die dritte Rolle in Scrum darstellt.

3.2 Rollen

In Scrum gibt es die drei Rollen Scrum Master, Product Owner und Team, die in den nächsten Abschnitten beschrieben und in ihrer Gesamtheit als Scrum-Team bezeichnet werden.

3.2.1 Scrum Master

Die erste hier vorgestellte Rolle ist der Scrum Master, deren Zweck es ist, das Funktionieren von Scrum sicherzustellen. Welche Aufgaben und Verantwortlichkeiten damit verbunden sind, folgt in diesem Abschnitt.

Zunächst sei angemerkt, dass es sich beim Scrum Master nicht um einen Projektleiter oder Teamleiter handelt. Sollte er eine solche Rolle einnehmen, wäre das keine korrekte Umsetzung von Scrum, da z. B. dem Product Owner (→ 3.2.2) die Möglichkeit genommen würde, das Team direkt zu steuern. Um ein nachhaltiges Funktionieren von Scrum sicherzustellen, müssen die Inhaber der Rollen diese richtig verstanden haben und sie entsprechend leben. (Pichler 2009, S. 24)

Einen wesentlichen Punkt, der einen Scrum Master von einem Projektleiter oder Teamleiter unterscheidet, sehen WIECZORREK UND MERTENS (2010, S. 127) darin, dass sich der Scrum Master zurücknehmen muss und auf keinen Fall in die Arbeit des Teams eingreifen darf. TIM LISTER (2007) veranschaulicht dies mit einem Bild von marschierenden Küken. Der Scrum Master, oder von LISTER allgemeiner als agile leader bezeichnet, entspricht in diesem Bild nicht dem vordersten Küken, das den Weg vorgibt. Dieses bezeichnet er lediglich als Scout, während er das hinterste Küken, welches stets das Ziel und die Gruppe im Auge hat, als tatsächlichen Leader betrachtet. Von dieser Position aus, so EICKMANN (2009a, S. 122–123), ist es dem Scrum Master möglich, sicherzustellen, dass sich das Team an die Scrum Regeln hält und keine Gefahren die Arbeit des Teams bedrohen.

Damit das Team sich an die Regeln hält und mit seiner Arbeit möglichst effizient das Ziel verfolgt, agiert er ähnlich wie ein Coach von Sportteams. Er bereitet das Team vor, erklärt die Regeln und beantwortet aufkommende Fragen. Während das Team dann auf dem Feld eigenverantwortlich agiert, steht er selbst nur am Spielfeldrand, ohne aktiv am Spiel teilzunehmen und beobachtet stattdessen die Spielweise (Arbeitsweise) des Teams, deckt Schwachstellen oder Potentiale auf und gibt dem Team Hinweise, wie es sich verbessern kann.

Daneben wacht er über mögliche Gefahren, die auf sehr unterschiedliche Weise in Erscheinung treten können. Beispielsweise können dem Team notwendige Ressourcen fehlen, weil z. B. Testhardware fehlt oder die IT-Abteilung keinen Bugtracker bereit stellt. Dem Team oder einzelnen Teammitgliedern können zusätzliche Aufgaben zugeteilt werden oder Teammitglieder werden ganz abgezogen. Es können durch die Organisation bedingte Probleme auftreten, wie z. B. ungeeignete Arbeitsräume, Besprechungsräume oder fehlende Medien. Ein falsches Rollenverständnis, Interessenskonflikte und Differenzen zwischen den Beteiligten stellen ebenso Gefahren dar wie private und fachliche Probleme der einzelnen Teammitglieder. Nicht alle dieser oder anderer auftretenden Probleme oder Hindernisse können vom Scrum Master selbst beseitigt werden. In solchen Fällen ist er trotzdem für deren Beseitigung verantwortlich, was EICKMANN zufolge oft mit einem hohen Aufwand an Zeit und einem guten Durchsetzungsvermögen verbunden ist.

Auch wenn der Scrum Master keine Weisungsbefugnisse hat, identifizieren WIRDEMANN sowie SCHWABER UND BEEDLE als weitere Aufgabe des Scrum Master das schnelle Treffen von Entscheidungen, sollte es erforderlich werden. Dies ist dann der Fall, wenn das Team die Entscheidung nicht treffen kann und das Fehlen der Entscheidung die Arbeit des Teams behindert und damit zur Gefahr wird. Der Scrum Master trifft diese Entscheidung möglichst schnell und auch dann, wenn ihm nicht ausreichend Informationen dafür vorliegen, da es besser ist, mit schlechten Entscheidungen weiter zu arbeiten als ohne Entscheidung zu stagnieren. (Schwaber und Beedle 2002, S. 32; Wirdemann 2009, S. 40)

Als organisatorisches Hilfsmittel zur Beseitigung von Gefahren für die Arbeit des Teams, die auch als Impediments bezeichnet werden, kann der Scrum Master eine Liste, auch Impediment Backlog genannt, führen, in die er erkannte Gefahren notiert, um sie dann abzuarbeiten. Auf diese Weise wird Transparenz bezüglich vorhandener Probleme und der Bemühung des Scrum Master, diese zu beseitigen, geschaffen. Zusätzlich kann die Entwicklung dieser Liste auch als Indikator für den Erfolg des Scrum Master dienen. Ein ständiges Verschwinden von Einträgen bedingt durch das erfolgreiche Beseitigen von Problemen schafft Vertrauen beim Team, da für dieses die Unterstützung durch den Scrum Master sichtbar wird. Kommen aber immer neue Einträge hinzu, ohne dass bereits bestehende beseitigt werden, indiziert dies entweder eine mangelhafte Unterstützung des Projekts durch die Organisation oder eine schlechte Arbeit des Scrum Master. Langfristig kann dies zu einem Vertrauensverlust des Teams in den Scrum Master führen und den Erfolg Projekts gefährden. (Wirdemann 2009, S. 39–40)

Die Sicherstellung, dass die direkte Kommunikation und Zusammenarbeit zwischen dem Team und dem Product Owner funktioniert, ist eine weitere Aufgabe des Scrum Master. Sollte beispielsweise der Product Owner nicht verfügbar sein, kann dies wiederum eine Gefahr für die Arbeit des Teams werden. (Pichler 2009, S. 20) Letztlich hilft der Scrum Master auch dabei, zusammen mit dem Kunden und dem Management, einen geeigneten Product Owner auszuwählen und ihn in diese Rolle einzuführen. (Hanser 2010, S. 66; Schwaber und Beedle 2002, S. 32)

Damit der Scrum Master alle seine Aufgaben erfüllen kann, ist es nicht nur erforderlich, dass ihm alle formalen Autoritäten, Ressourcen und Informationen zur Verfügung gestellt werden (Gloger 2010, S. 197), sondern er sollte daneben auch einige bestimmte Eigenschaften mitbringen. Zu diesen zählen unter anderem Kompetenzen in Moderationstechniken, Konfliktmoderationstechniken, Kommunikationstechniken, Coaching (Vigenschow 2008, S. 91) und eine belastbare Persönlichkeit (Wirdemann 2009, S. 41). Was er nicht haben sollte, ist Personalverantwortung für die Teammitglieder. Eine solche Verantwortung kann in dieser Rolle zu Konflikten führen sowie die Selbstorganisation des Teams gefährden. PICHLER (Pichler 2009, S. 20–22) verdeutlicht dies am Beispiel von Mitarbeiterbeurteilungen. Sollten diese vom Scrum Master angefertigt werden, so hat dies unter anderem einen beeinträchtigenden Einfluss auf die Offenheit und die Kommunikation des Teams und gefährdet dessen Vertrauen in den Scrum Master. Sollte von der Linienführung der Wunsch geäußert werden, dass der

Scrum Master entsprechende Beurteilungen anfertigt, so sollte dieser Wunsch abgelehnt werden. Alternativ kann der entsprechenden Führungskraft angeboten werden, an den Daily Scrum und den Sprint Reviews teilzunehmen, sodass die Führungskraft die Möglichkeit erhält sich ein eigenes Bild über die Arbeit der Teammitglieder zu bilden. Wird die Rolle des Scrum Master richtig gelebt, so entspricht sie PICHLER zufolge einem Servant Leader, also einer Führungsfigur, die ihre Aufgabe darin hat, dem Team zu dienen.

Was die Möglichkeit betrifft, die Rollen Scrum Master und Teammitglied in einer Person zu kombinieren, findet sich in der Literatur keine klare Aussage. EICKMANN (2009a, S. 123) sieht ebenso wie der Scrum Guide (Schwaber und Sutherland 2010, S. 7) den Scrum Master auch als potentiellen Entwickler im Team, welcher Aufgaben im Sprint erledigt. Gleichzeitig wird aber auf Konflikte hingewiesen, in denen sich eine solche Person wiederfinden kann, wenn sie sich zwischen dem Beseitigen von Hindernissen als Scrum Master und der Arbeit an den Aufgaben im Sprint als Teammitglied entscheiden muss. BLEEK UND WOLF (2008, S. 149) treffen ebenfalls keine klare Aussage bezüglich der Kombination der beiden Rollen, sondern raten lediglich davon ab. Eindeutiger sieht es bei der Kombination der Rollen Scrum Master und Product Owner aus. Während der Scrum Guide (Schwaber und Sutherland 2010, S. 7) die Kombination dieser beiden Rollen ganz klar verbietet, findet sich kein Autor, der eine gegenteilige Empfehlung ausspricht.

3.2.2 Product Owner

Die Rolle des Product Owner, wie sie in Scrum vorgesehen ist, ähnelt am ehesten der eines Produktmanagers. Dennoch handelt es sich hierbei um eine neue Rolle, welche in diesem Abschnitt dargestellt wird.

Wie sich anhand der Bezeichnung bereits erahnen lässt, handelt es sich bei dieser Rolle nicht nur um den Manager eines Produkts. Als Besitzer obliegt dem Product Owner die gesamte Verantwortung für ein Produkt. (Eickmann 2009b, S. 110–112) Damit ist er auch für das Erreichen der Projektziele, also den Projekterfolg verantwortlich. Im Gegensatz zu einem traditionellen Produktmanager ist es ihm daher nicht möglich, die Leitung des Projekts an einen Projektmanager oder Teamleiter zu delegieren. Zudem wird diese Rolle von einer einzelnen Person wahrgenommen und nicht von einer Abteilung oder einem Komitee. Daher wird Pichler zufolge im Unternehmen Yahoo der Product Owner auch als „single wringable neck" bezeichnet, was seine Verantwortung verdeutlicht. (Pichler 2009, S. 10–11; Schwaber und Sutherland 2010, S. 7)

Seine Rolle als Besitzer eines Produkts umfasst die exklusive Verantwortung über das Product Backlog (→ 3.3.1), welches die Anforderungen an das Produkt enthält. Damit er dieser Verantwortung gerecht werden kann, muss er die Anforderungen verstehen, da diese nicht nur von ihm, sondern auch von Kunden oder Anwendern kommen können. Dadurch ergibt sich wiederum die Notwendigkeit für den Produkt Owner, sich mit allen für die Anforderungen an das Produkt relevanten Interessenvertretern, z. B. durch Workshops abzustimmen. Basierend auf dem Produkt Backlog muss der Produkt Owner dem Team helfen, die Kundenwünsche und Anforderungen zu verstehen, sodass das Team diese erfolgreich umsetzen kann. Gemäß dem japanischen Managementprinzip „genchi genbutsu", was so viel bedeutet wie „geh und sieh selbst", pflegt der Product Owner dabei eine enge Zusammenarbeit mit dem Team. (Pichler 2009, S. 10–12) Damit ist er derjenige und auch der Einzige, der das Team fachlich anführt. Außer dem Product Owner ist kein anderer dazu berechtigt, dem Team zu sagen, was es zu tun hat. Die Organisation hat diesen Umstand und damit die Entscheidungen des Product Owner zu akzeptieren. (Gloger 2010, S. 196; Schwaber und Beedle 2002, S. 34–35) Andererseits hat der Product Owner, aufgrund der durch die Öffentlichkeit des Product Backlog bedingten Transparenz seiner Entscheidungen, ein Interesse daran, sein Bestes zu geben. (Schwaber und Sutherland 2010, S. 7)

Die Möglichkeit, die Rolle des Product Owner zusammen mit der des Scrum Master einer Person zu übertragen, wird vom Scrum Guide (Schwaber und Sutherland 2010, S. 7), wie in Abschnitt 3.2.1 bereits erwähnt, klar ausgeschlossen. COHN (Cohn 2010, S. 159–161) begründet dieses Verbot mit dem Spannungsfeld, in dem die beiden Rollen stehen. Während der Product Owner immer mehr von seinem Team will, weil er z. B. schnell finanzielle Ergebnisse vorweisen muss, hat der Scrum Master das Team davor zu schützen, durch zu viel Arbeit überlastet zu werden. Anders sieht es der Scrum Guide bei der Kombination von Product Owner und Teammitglied. Dieser Fall ist zwar nicht verboten, es wird aber darauf hingewiesen, dass diese Kombination die Fähigkeit des

Product Owner beeinträchtigen könnte, mit den für die Anforderungen relevanten Interessenvertretern zusammen zu arbeiten.

3.2.3 Team

Dieser Abschnitt beschäftigt sich mit dem Team, das der Teil von Scrum ist, der die eigentliche Entwicklungsarbeit leistet, also in jedem Sprint auf Basis des Product Backlog eine potentiell auslieferbare Funktionalität produziert. Eine wesentliche Eigenschaft des Teams in Scrum ist dessen Selbstorganisation. Demnach darf niemand dem Team vorschreiben, auf welchem Weg es die Elemente des Product Backlog zu realisieren hat. TAKEUCHI UND NONAKA zufolge wird ein sich selbst organisierendes Team nach eigenen Wegen suchen, um ein vorgegebenes Ziel zu erreichen und diese ständig verbessern. Dies wird auch durch die Interdisziplinarität gefördert, die durch die Auswahl der Mitglieder für das Team entsteht, die in ihrer Gesamtheit alle für das Projekt erforderlichen Kompetenzen (Programmierung, Architektur, Design, Qualitätsmanagement etc.) abdecken. Durch die dadurch entstehenden verschiedenen Blickwinkel können Probleme besser erkannt und schneller Lösungen gefunden werden. (Eickmann 2009c, S. 131–134; Schwaber und Sutherland 2010, S. 8; Takeuchi und Nonaka 1986, S. 139–140)

Da jedes Teammitglied neben seinen fachlichen Kompetenzen auch eine Reihe an sozialen Fähigkeiten und Schwächen mitbringt, die alle mehr oder weniger stark ausgeprägt sind, sollte bei der Zusammenstellung des Teams auch darauf geachtet werden. (Glen 2003, S. 210–211) Neben der Beachtung fachlicher und sozialer Aspekte darf auch die Motivation der Mitarbeiter nicht unterschätzt werden. Es ist wichtig, bei der Teambildung möglichst Mitarbeiter auszuwählen, die in diesem Team sein möchten. Man sollte also, entsprechend dem fünften agilen Prinzip (→ 2.3.3), diejenigen auswählen, die ein grundsätzliches Interesse an der Technologie, dem Vorhaben oder einer Rolle im Projekt haben. Da solche Mitarbeiter bereits intrinsisch motiviert sind, ist eine zusätzliche Motivation vorerst nicht nötig. (Glen 2003, S. 99; Wiedmann 2006, S. 16).

Ein gut funktionierendes Team zeichnet laut HUBER UND LINDENHAHN (Huber und Lindenhahn 2010, S. 10) durch folgende Eigenschaften aus: eine gemeinsame Vision, gegenseitige Unterstützung und Hilfestellung, reger Know-how-Austausch, gemeinsame Problemlösungen, Vertrauen und die Fähigkeit zur Selbstorganisation. Je stärker diese Eigenschaften bei einem Team ausgeprägt sind, umso größer sind seine Chancen auf Erfolg, was durch eine Studie von HUBER UND LINDENHAHN (HUBER UND LINDENHAHN 2010, S. 13–14) bestätigt wird.

In dieser Studie wird auch die Relevanz der Größe eines Teams mit den oben genannten Eigenschaften aufgezeigt. Daher gilt, es bei der Teambildung auch diesen Aspekt zu beachten. Ist das Team zu klein, ist es eventuell nicht leistungsfähig genug. Die Anzahl der Teammitglieder sollte aber auch nicht zu groß sein, da mit steigender Teamgröße auch der Koordinationsaufwand steigt und die Erfolgswahrscheinlichkeit eines Teams mit mehr als neun Personen rapide abnimmt. Während der Scrum Guide eine Anzahl von sieben bis neun Entwicklern empfiehlt, kommt die Studie auf eine optimale Teamgröße von vier bis acht Personen. (Huber und Lindenhahn 2010, S. 14; Schwaber und Sutherland 2010, S. 8) Bestätigt wird dies auch durch die, SUTHERLAND (Sutherland 2004) zufolge, bis 2004 höchste dokumentierte Produktivität in der Softwareentwicklung, die von einem Team geleistet wurde, in dem maximal acht Mitglieder zur selben Zeit arbeiteten und in 31 Monaten über eine Millionen Zeilen an Code produzierten, was einer wöchentlichen Leistung von etwa 1000 Zeilen pro Entwickler bedeutet. (Coplien 1994, S. 1)

Die Geschwindigkeit, mit der ein Team zu entwickeln im Stande ist, wird pro Sprint gemessen und als Velocity bezeichnet. Ein Team, das 120 Story Points (→ 3.3.1.4) in einem Sprint schafft, hat demnach eine Velocity von 120. (Cohn 2008, S. 38–39) Dieser Wert kann z. B. durch Ausfälle von Teammitgliedern von Sprint zu Sprint schwanken, wird mit der Zeit aber an Volatilität verlieren und bedingt durch Lerneffekte steigen. (Pries und Quigley 2011, S. 33–34)

Für das Team ist seine Velocity dann wichtig, wenn es im Sprint Planning Meeting entscheiden soll, für welche der vom Product Owner gewünschten Elemente aus dem Product Backlog es sich verpflichtet, sie im nächsten Sprint zu realisieren. Genauso wie diese Entscheidung alleine beim Team liegt, so liegt auch die Verantwortung, diese Verpflichtung zu erfüllen, alleine beim Team. Dazu wählt das Team, wie weiter oben bereits angedeutet, völlig eigenständig die Vorgehensweise, um seiner Verpflichtung gerecht zu werden. Es kann dazu beispielsweise Techniken wie Pair Programming oder automatisiertes Testen einsetzten, es kann sich Ratschläge einholen oder solche ignorieren. Probleme, die das Team bei der Arbeit stören, meldet es dem Scrum Master, der diese beseitigt. Um das Potential des Teams nicht zu beschränken und seine Kommunikation zu unterstützen, sollte es einen gemeinsamen Arbeitsraum erhalten und mit allen erforderlichen Werkzeugen ausgestattet werden, das es benötigt. (Schwaber und Beedle 2002, S. 38–39)

Durch die Art und Weise wie ein Team in Scrum aufgebaut ist, wird den agilen Prinzipien vier und fünf entsprochen (→ 2.3.2).

3.2.4 Weitere Rollen

In der Umwelt des Scrum-Teams identifiziert GLOGER (2010, S. 197) drei Nebenrollen. Diese wären zum einen der Manager, der z. B. als Head of Development die organisatorischen Rahmenbedingungen festlegt. Eine weitere Rolle ist die des Kunden, der den Entwicklungsauftrag erteilt. Genutzt wird das beauftragte Produkt dann vom User, der als dritte Rolle genannt wird und wie der Kunde auch während der Entwicklung sein Feedback (→ 3.5.5) zur erstellten Funktionalität beisteuert.

3.3 Anforderungsmanagement in Scrum

Wie aus dem Requirements-Engineering bekannt ist, sind Anforderungen ein wichtiges Kommunikationsmittel zwischen dem, der etwas haben möchte und dem, der es liefern soll. Daher gibt es in Scrum ein Anforderungsmanagement, welches in diesem Abschnitt erläutert wird.

3.3.1 Product Backlog

3.3.1.1 Einführung

Am Anfang eines jeden Produkts steht eine Idee. Damit diese Idee als Produkt realisiert werden kann, muss die Idee ausformuliert werden. In der traditionellen Softwareentwicklung, wie z. B. im Wasserfall-Modell (→ 2.2.1), erfolgt dies im Rahmen der Anforderungsbeschreibung zu Beginn des Projekts. Hierbei werden die Anforderungen möglichst vollständig und präzise erfasst und abgenommen. Nach Abschluss erfolgt die eigentliche Umsetzung des Produkts. Ein Problem, das dieses

Vorgehen mit sich bringt, hängt damit zusammen, dass sich ändernde, neue oder obsolet gewordene Anforderungen nicht vorgesehen sind. Ein weiteres Problem kann durch die Überlastung der Entwickler entstehen, die die gesamte Menge an Anforderungen einschließlich aller Details mit einem Schlag übergeben bekommen. Bei der Übergabe der Anforderungen besteht zudem das Risiko des Informationsverlusts durch unterschiedliche Interpretationen der Anforderungen und häufig nicht mehr verfügbare Produktmanager.

Scrum geht hier einen anderen Weg und sieht keine Übergabe von zu Projektbeginn vollständig beschriebenen Anforderungen an die Entwickler und damit auch keine Aufteilung des Projekts in eine Definitions- und Umsetzungsphase vor. Stattdessen verlaufen die Beschreibung von Anforderungen und deren Umsetzung zeitnah und überlappend. Als zentrales Mittel zur Verwaltung aller Anforderungen, verwendet Scrum das Product Backlog. (Pichler 2009, S. 25–27)

Der Scrum Guide bezeichnet das Product Backlog als eine Liste von allen für das Produkt zu realisierenden Eigenschaften, Funktionen, Technologien, Verbesserungen und Fehlerkorrekturen. Im Folgenden werden diese als Elemente bezeichnet. Jedes Element des Product Backlog hat die Bestandteile Beschreibung, Priorisierung und Aufwandsabschätzung. (Schwaber und Sutherland 2010, S. 16)

3.3.1.2 Beschreibung

Für die Beschreibung von Elementen, die so kritisch sind, dass von ihnen später z. B. Leben abhängen, ist die Verwendung von Use Cases empfehlenswert, da hiermit für alle Eingaben und Bedingungen entsprechende Verhaltensabläufe des Systems beschrieben werden. Gewöhnlich werden aber User Stories verwendet, um die Elemente des Product Backlog zu beschreiben. (Cockburn und Dieterle 2008, S. 15; Schwaber und Sutherland 2010, S. 16) User Stories beschreiben ein Element aus der Sicht der Person, die sich das Element wünscht, was in der Regel der Anwender oder der Kunde ist. Der Aufbau einer User Story ist so einfach und kurz, dass er Platz auf einer Karteikarte finden könnte. Hilfreich ist eine Formulierung nach dem Schema „Als [Art des Anwenders] wünsche ich [ein Ziel], damit [ein Grund]." Um den Aufwand gering zu halten, werden die Elemente unterschiedlich detailliert beschrieben, wobei der Grad an Genauigkeit entsprechend der der Höhe der Priorität des jeweiligen Elements steigt. Für das Präzisieren der Beschreibungen muss der Produkt Owner die zugrunde liegenden Bedürfnisse verstehen und daher eng mit den entsprechenden Personen zusammenarbeiten. Damit wird der Bewertung „Customer collaboration over contract negotiation" des agilen Manifest (→ 2.3.2) und dem vierten agilen Prinzip (→ 2.3.3) entsprochen. Darüber hinaus muss Product Owner für das Team ständig erreichbar sein, um eventuelle Fragen zu den Beschreibungen beantworten zu können. (Cohn 2010, S. 270–276; Pichler 2009, S. 34–36)

3.3.1.3 Priorisierung

Die Priorisierung eines Elements kann zwar mit Unterstützung des Teams erfolgen, die Entscheidung wird aber ausschließlich vom Product Owner getroffen und verantwortet. Diese basiert üblicherweise auf dem Mehrwert, der durch die Realisierung des Elements geschaffen wird, dem mit dem Element verbundenem Risiko und den Kosten, die durch eine Realisierung des Elements entstehen. Durch die Priorisierung wird ein Kriterium geschaffen, nach welchem die Elemente im Product Backlog sortiert sind. Damit bestimmt sich auch die Reihenfolge, in der sie realisiert werden. Mit steigender Priorität eines Elements steigen auch der Detailgrad ihrer Beschreibung und der Konsens bezüglich ihrer Bedeutung. Mit einem steigenden Detailgrad der Beschreibung verbessert sich auch die Genauigkeit, auf die der zur Realisierung notwendige Aufwand geschätzt werden kann. (Pichler 2009, S. 28, 39; Schwaber und Beedle 2002, S. 33)

3.3.1.4 Aufwandsabschätzung

Die Aufwandsabschätzung erfolgt in Scrum entweder in idealen Tagen oder, wie von PICHLER (Pichler 2009, S. 58) und COHN (Cohn 2008, S. 73) bevorzugt, in Story Points. Der in idealen Tagen geschätzte Aufwand entspricht der Differenz aus der insgesamt für die Realisierung benötigten Zeit und den dabei entstehenden Unterbrechungen, z. B. aufgrund von Meetings, Telefonaten, Beantworten von E-Mails, Rückfragen etc. (Cohn 2008, S. 43–45)

Während Schätzungen mit idealen Tagen auf tatsächliche Tage bezogen sind, handelt es sich bei Story Points um einen relativen Wert. Die Story Points isoliert sagen also nichts darüber aus, wie groß der Aufwand in Zeit gemessen ist, sondern wie sich die Aufwände der geschätzten Elemente zueinander verhalten. Ein Element mit vier Story Points bedeutet einen doppelt so hohen Aufwand wie eines mit zwei Story Points. Um eine Basis zu schaffen, mit deren Hilfe die Elemente geschätzt werden können, empfiehlt es sich das Element auszuwählen, das den mutmaßlich geringsten Aufwand hat und dieses auf einen Story Point zu schätzen. Damit lassen sich die anderen Elemente vergleichen und entsprechend schätzen. Wenn z. B. eine Skala von einem bis zehn Story Points gewählt wird, kann ein Element ausgewählt werden, das einen vermutlich durchschnittlichen Aufwand hat und mit fünf Story Points geschätzt werden. Wie viel Zeit ein Story Point tatsächlich entspricht, hängt von der Arbeitsgeschwindigkeit des Teams ab, das die Elemente realisiert. Daher kann dieser vor dem ersten Sprint nur angenommen werden. Nach Abschluss dieses Sprints kann jedoch, anhand der tatsächlich abgearbeiteten Story Points, deren Zeitwert errechnet werden. Falls sich die Schätzung bezüglich der benötigten Zeit als inkorrekt erweist, kann diese einfach mit dem ermittelten Zeitwert korrigiert werden, sodass nicht erneut geschätzt werden muss. (Cohn 2008, S. 35–38)

Die Elemente des Product Backlog werden nicht vom Product Owner, sondern ausschließlich vom Team geschätzt, durch das sie realisiert werden. Dazu trifft sich das Team mit dem Product Owner zunächst vor dem ersten Sprint bzw., falls vorhanden, während der Release-Planung (→ 3.5.1), um alle bisher vorhandenen Elemente zu schätzen, und später in regelmäßigen Abständen neue oder veränderte Elemente zu schätzen. Eine gute Methode zum Schätzen ist das Planungspoker. Hierfür erhält jedes Teammitglied einen Stapel mit Karten, von denen jede mit einem gültigen Schätzwert beschriftet ist. Nun erklärt der Product Owner das zu schätzende Element. Anschließend bespricht das Team das zu schätzende Element und lässt sich vom Product Owner aufkommenden Fragen beantworten. Sobald alle Fragen geklärt sind, schätzt jedes Teammitglied zunächst für sich den Aufwand für das Element ab und legt die entsprechende Karte verdeckt auf den Tisch. Sobald jedes Teammitglied eine Karte mit dem entsprechenden Schätzwert ausgewählt hat, drehen alle gleichzeitig ihre Karte um. Stimmen die Schätzungen aller Teammitglieder überein, wird mit dem nächsten Element fortgefahren. Andernfalls eröffnen die beiden mit der größten Differenz zueinander, mit einer Erklärung ihrer Schätzung eine neue Schätzrunde für das Element. Sollte ein Teammitglied für ein Element keine Schätzung abgeben können, darf es in der entsprechenden Runde aussetzen. Dem Team kann es anfangs schwer fallen sich auf Schätzwerte zu einigen und Unsicherheiten zu akzeptieren. Mit der Zeit wird sich aber die Genauigkeit der Schätzungen des Teams, vor allem auch bei nur schwer schätzbaren Elementen, steigern. Darüber hinaus kann der Product Owner leichter verstehen, warum für ein Element ein gewisser Aufwand nötig ist. (Cohn 2008, S. 56–59; Pichler 2009, S. 60–61)

3.3.1.5 Definition of Done

Scrum verlangt, dass in jedem Sprint ein potentiell auslieferbares Produkt erstellt wird, also eine Funktionalität, die fertig ist und vom Product Owner direkt in den Einsatz gebracht werden kann. Da „fertig" ein Begriff ist, der von unterschiedlichen Personen unterschiedlich verstanden werden kann, gibt es in Scrum die Definition of Done, die vom Team zusammen mit dem Product Owner vereinbart wird und festlegt, unter welchen Bedingungen die Funktionalität als fertig, also potentiell auslieferbar gilt. Beispiele für mögliche Bedingungen sind Code erstellt, Systemtest durchgeführt oder Performanz gemessen. (Gloger 2010, S. 198; Schwaber und Sutherland 2010, S. 20) Auch wenn die Definition of Done von Team und Product Owner festgelegt wird, stellt COHN (Cohn 2010, S. 290–291) die folgenden, für die meisten Organisationen geeigneten Richtlinien auf. Diese besagen, dass ein potentiell auslieferbares Produkt fehlerfrei, also ausreichend getestet sein muss.[2] Daneben bedeutet potentiell auslieferbar, insbesondere bei Projekten mit mehreren Teams, dass deren Produktionen fertig integriert sind. Andererseits bedeutet potentiell auslieferbar aber nicht unbedingt einsatzfähig, da beispielsweise nach dem ersten Sprint nicht genug Funktionalität vorhanden ist und erst durch weitere Sprints ein ausreichender Funktionsumfang für den Einsatz bereitsteht.

3.3.1.6 Entwicklung

Zu Beginn des Projekts sollte eine für mindestens zwei Sprints ausreichende Anzahl an Elementen im Product Backlog vorhanden sein, um dem Team in der Sprint Planung eine Auswahl sowie einen Ausblick über die noch kommende Arbeit zu ermöglichen. (Pichler 2009, S. 34)
Da sich die Umgebung, in der das Produkt eingesetzt werden soll, ständig verändern kann und selbiges auch auf die Wünsche des Kunden zutrifft, sowie aufgrund der ständigen Präzisierung der darin enthaltenen Elemente, entwickelt sich das Product Backlog immer weiter und erreicht erst gegen Ende des Projekts seine Vollständigkeit. (Pichler 2009, S. 36; Schwaber 2004, S. 10) Dies spiegelt die Bewertung des agilen Manifest „Responding to change over following a plan" wider und entspricht dem agilen Prinzip Nr. 2 → 2.3.3.

---

[2] Da sich eine absolute Fehlerfreiheit in der Softwareentwicklung nicht feststellen lässt, ist hier lediglich der Versuch gemeint, alle Fehler zu beseitigen, die mit einem vertretbaren Testaufwand gefunden werden.

3.3.1.7 Verantwortlichkeit und Hilfsmittel

Auch wenn der Inhalt nicht ausschließlich vom Product Owner generiert werden muss, sondern dies auch mit der Unterstützung durch Kollegen oder das Team erfolgen kann, liegt die Verantwortung für den Inhalt, die Priorisierung der Elemente und der Verfügbarkeit des Product Backlog beim Product Owner. (Schwaber und Sutherland 2010, S. 7–8)

Zur Pflege des Product Backlog hat sich HANSER (2010, S. 73) zufolge der Einsatz eines elektronischen Werkzeugs, wie beispielsweise eines zur Fehlerverwaltung, als für die Praxis hilfreich gezeigt. Als wichtig erachtet HANSER hierbei eine, für die Teammitglieder, den Scrum Master und den Product Owner selbst, deutlich sichtbare Darstellung des Product Backlog im Team-Büro, um ihnen damit einen schnellen Überblick über den Status des Gesamtprojekts zu ermöglichen. GLOGER (Gloger 2009, S. 124–125) schlägt hierfür auch eine Kombination aus einem elektronischen Werkzeug und einem Taskboard mit Karteikarten vor. Zusätzlich kann ein Burn Down Chart (→ 3.3.3) verwendet werden, um den verbleibenden Aufwand zur Abarbeitung aller Elemente zu visualisieren.

3.3.2 Sprint Backlog

Das Sprint Backlog ist das Ergebnis der Sprint Planung (→ 3.5.2) und beinhaltet die Aufgaben, deren Erfüllung zur Erreichung des Sprint-Ziels, also der Umsetzung von Einträgen des Product Backlog in ein potentiell auslieferbares Produkt, vom Team als notwendig erachtet wird. Dabei ist kein vollständiges Produkt gemeint, sondern zumindest eine nutzbare Funktionalität, die vom Product Owner in den Einsatz gebracht werden kann. Neben den Aufgaben ist auch der jeweils zur Erfüllung geschätzte Zeitaufwand Teil des Sprint Backlog. Damit ein auf den Tag genaues Verfolgen der Aktivitäten eines Teams möglich ist, sollte der Aufwand einer Aufgabe einen Arbeitstag nicht überschreiten. Das Verfolgen der Teamaktivitäten soll hierbei nicht der disziplinarischen Überwachung des Teams dienen, sondern zur Steigerung der Transparenz, bezüglich Projektfortschritt und Arbeitsorganisation, beitragen. Dies wird auch durch die Vorgehensweise beim Abarbeiten des Sprint Backlog unterstützt. Dabei schreibt das Teammitglied, das die Arbeit an einer Aufgabe beginnt, seinen Namen auf den entsprechenden Eintrag im Sprint Backlog und aktualisiert diese spätestens am Ende des Tages. Eine Aktualisierung des Sprint Backlog erfolgt auch dann, wenn ein

Teammitglied eine neue und für den laufenden Sprint relevante Aufgabe identifiziert, die dann abgeschätzt und eingetragen wird. Wenn bei bereits existierenden Aufgaben festgestellt wird, dass diese mehr oder weniger Aufwand zur Bearbeitung erfordern als ursprünglich geschätzt, wird auch hier neu geschätzt und der entsprechende Eintrag aktualisiert. Aufgaben, die als nicht mehr erforderlich eingestuft werden, werden aus dem Sprint Backlog entfernt. (Pichler 2009, S. 102; Schwaber und Sutherland 2010, S. 20–21)

Zur Pflege eines Sprint Backlog gibt es die Möglichkeit sich elektronischer Hilfsmittel zu bedienen oder physische Darstellungsformen, wie z. B. eine Stellwand zu verwenden. Sowohl WIRDEMANN (2009, S. 176) als auch PICHLER (2009, S. 102–103) sprechen sich klar für die physische Variante aus, da eine solche Darstellungsform im Teamraum nicht nur für jedes Teammitglied jederzeit sichtbar und direkt zugänglich, sondern dadurch auch effektiv und einfach zu bedienen ist. Konkret schlägt PICHLER eine Darstellung mit fünf Spalten vor (→ Bild 5). Die erste Spalte zeigt die Priorität der in der zweiten Spalte stehenden und aus dem Product Backlog für diesen Sprint gewählten Anforderung an. In der dritten Spalte hängen die, auf Karteikarten stehenden, Aufgaben, die zur Realisierung der Anforderung aus der zweiten Spalte erledigt werden müssen. Die Karteikarten der Aufgaben, an denen ein Teammitglied gerade arbeitet, werden in die vierte Spalte gehängt. Nach abschließender Bearbeitung einer Aufgabe wird die entsprechende Karteikarte in die fünfte Spalte gehängt und gilt damit als erledigt.

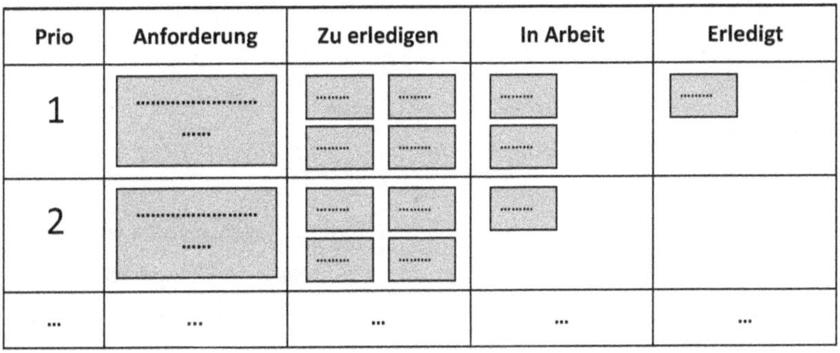

Prio	Anforderung	Zu erledigen	In Arbeit	Erledigt
1				
2				
...	...	...	...	...

Bild 5 Sprint Backlog
Quelle: PICHLER (2009, S. 103)

Schwierig wird die gemeinsame Nutzung einer physischen Darstellungsform, wenn das Team einer räumlichen Trennung unterliegt. Als für solche Organisationsformen besser geeignet betrachtet WIRDEMANN elektronische Werkzeuge oder Mischformen. Als Mischform beschreibt er exemplarisch die Nutzung einer physischen Darstellungsform, die bei einem Teil des Teams hängt und per Videoübertragung digital den restlichen Teammitgliedern bereitgestellt wird. Einen durch die Nutzung einer Videoübertragung entstehenden positiven Nebeneffekt sieht WIRDEMANN in der sehr guten Möglichkeit das Daily Scrum gemeinsam und synchronisiert durchzuführen.

3.3.3 Burn Down Chart

Ein Burn Down Chart ist eine visuelle Darstellung der im Verlauf eines Sprints noch verbleibenden Arbeit. Hierzu werden die geschätzten Zeitaufwände der noch nicht erledigten Aufgaben des Sprint Backlog aufsummiert und in einem zweidimensionalen Diagramm abgebildet.

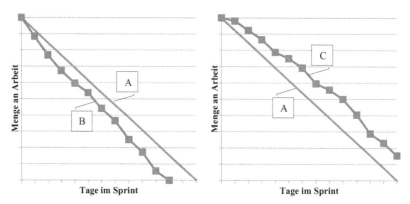

Bild 6 Burn Down Charts
Quelle: in Anlehnung an Pries (2011, S. 38–40)

Wenn der Aufwand zur Bewältigung der für den Sprint vorgesehenen Aufgaben richtig geschätzt worden ist, sollte die Menge an verbleibender Arbeit proportional zur verbleibenden Zeit abnehmen. Als Resultat würde der Verlauf dieses Sprints einer von links oben nach rechts unten verlaufenden Geraden A entsprechen, wie sie in beiden Diagrammen in Bild 6 abgebildet ist. Diese Gerade A stellt den geplanten Verlauf des Sprints dar.

Sollte sich der Verlauf des Sprints unterhalb dieser Geraden A entwickeln, wie z. B. die Kurve B in Bild 6, so spiegelt dies einen Fortschritt wider, der sich schneller entwickelt, als geschätzt wurde. Die Ursachen hierfür können beispielsweise in einer Überschätzung des nötigen Aufwands zur Bewältigung einer oder mehrerer Aufgaben des Sprints liegen. Bei so einem Verlauf ist es dem Team möglich, weitere, dem Ziel dieses Sprints dienliche Aufgaben in das Sprint Backlog aufzunehmen.

Der dritte mögliche Verlauf eines Sprints entwickelt sich oberhalb des geplanten Verlaufs und kann sich wie die Kurve C in Bild 6 entwickeln. In diesem Fall verläuft die Entwicklung langsamer als geplant und deutet damit an, dass die geplanten Aufgaben nicht bis zum Ende des Sprints fertig abgearbeitet sein werden. Der Grund für eine solche Entwicklung kann darin liegen, dass das Team den Aufwand, den es zur Bewältigung der Aufgaben benötigt, unterschätzt hat. In diesem Fall kann die Anzahl oder der Umfang, der für diesen Sprint geplanten Funktionen des Produkts reduziert werden, sodass am Ende des Sprints noch ein potentiell auslieferbares Produkt fertiggestellt werden kann. Es können aber auch andere Gründe, wie Konflikte im Team oder ausgefallene Teammitglieder, zu so einem solchen Verlauf führen. Diese Gründe aufzudecken ist Aufgabe des Scrum Master (→ 3.2.1). (Pries und Quigley 2011, S. 38–40; Schwaber 2004, S. 11)

Da die Arbeit, die sich ein Team für einen Sprint zu erledigen vorgenommen hat, neben der Produktion neuer Funktionen auch aus Fehlerkorrekturen oder anderen technischen Aufgaben bestehen kann, ist es laut WIRDEMANN (2009, S. 164–165) für das Team und für die Außenwirkung hilfreich, den Fortschritt bestimmter Aufgabentypen, z. B. der Fehlerbearbeitung, zusätzlich in eigenen Burn Down Charts zu visualisieren.

Analog zur Visualisierung der verbleibenden Arbeit im Sprint kann mit Hilfe eines Burn Down Charts auch der Verlauf des gesamten Projekts, gemessen an den Elementen des Product Backlog, grafisch dargestellt werden. (Schwaber und Sutherland 2010, S. 19–20)

Es gibt eine ganze Reihe elektronischer Hilfsmittel, die sich zur Darstellung von Burn Down Charts nutzen lassen. Aber aus den bereits für Sprint Backlogs (→ 3.3.2) genannten Gründen empfiehlt WIRDEMANN (2009, S. 176) auch hier, möglichst die physische Darstellungsform zu wählen.

3.4 Sprints

Sprints sind der Teil von Scrum, in dem produziert wird. Die Beschreibung von Sprints, und wie diese aussehen, erfolgt an dieser Stelle.

Bei Scrum handelt es sich um eine Methodik, die zugleich iterativ als auch inkrementell ist. Iterative Entwicklungsmethoden zeichnen sich dadurch aus, schon sehr früh ein vollständiges Produkt zu fertigen, von dem jedoch klar ist, dass es in einigen Bereichen noch fehlerbehaftet und qualitativ unzureichend ist. In einem zweiten Durchgang und weiteren werden diese Bereiche verbessert, bis das Produkt die gewünschte Qualität hat und somit keine weiteren Durchgänge mehr notwendig sind.

Bei inkrementellen Vorgehensweisen, wird das Produkt in Einzelteilen geliefert, indem einzelne Bestandteile des Produkts vollständig entwickelt und fertiggestellt werden. (Cohn 2004, S. 165–166) Hierdurch ergibt sich die Möglichkeit, schon sehr früh in den Markt einzutreten oder dem Kunden nutzbare Funktionalität zu bieten, was wiederum eine frühere Reaktion auf den Markt beziehungsweise auf sich ändernde Kundenwünsche ermöglicht. (Pichler 2009, S. 32)

Scrum vereint diese beiden Vorgehensweisen, indem nach jeder Iteration, also jedem Sprint, ein potentiell auslieferbares Produktinkrement fertiggestellt wird. Dieses wird dann im Sprint Review (→ 3.5.5) begutachtet und gegebenenfalls im nächsten Sprint Änderungen unterzogen. (Schwaber 2007, S. 105)

Die Forderung nach einem potentiell auslieferbaren Produkt am Ende eines jeden Sprints bewirkt, dass der Kunde oder die Nutzer basierend auf lauffähiger Funktionalität ein besseres Feedback geben können, als es ihnen auf Basis von Dokumenten möglich wäre. Zusammen mit der zeitlichen Beschränkung von einem Monat entspricht Scrum durch diese Forderung dem dritten agilen Prinzip (→ 2.3.3). Ferner lässt sich der Fortschritt des Sprints besser an funktionierender beziehungsweise noch nicht funktionierender Software messen. Als weiteres ergibt sich durch diese Forderung die Möglichkeit, bei Bedarf das Produkt vorzeitig auszuliefern, auch wenn noch nicht alle Funktionen realisiert wurden. (Cohn 2010, S. 287–288)

Durch diese Forderung entspricht Scrum der Bewertung des agilen Manifests, wonach lauffähige Software wichtiger ist als umfassende Dokumentation.

Während die Dauer eines Sprint auf maximal einen Monat festgelegt ist (Schwaber und Sutherland 2010, S. 11), wird die Art und Weise, wie in einem Sprint gearbeitet wird, abgesehen vom Daily Scrum, nicht vorgegeben und ist ausschließlich (→ 3.2.3) dem Team überlassen.

Bezüglich des Start- und Endzeitpunkts von Sprints gibt es drei Möglichkeiten, diese aneinander zu reihen. Diese werden als Typ A, Typ B und Typ C bezeichnet. Für Scrum-unerfahrene Teams, ist Typ A zu empfehlen, bei dem der jeweils nächste Sprint erst dann beginnt, wenn der vorhergehende abgeschlossen ist und sich jeder nur auf den einen aktuellen Sprint konzentrieren muss. Als Typ B werden Sprints bezeichnet, deren Anfang vor dem Ende des vorhergehenden Sprints liegt. Die Vorteile dieses Typs liegen in der Vermeidung von eventuellen Leerläufen zwischen zwei Sprints und einer möglichen Verkürzung des gesamten Projekts. Gleichzeitig erhöht sich jedoch aufgrund der Überlappung der Ressourcenbedarf, was die entstandenen Vorteile relativieren kann. Der komplexeste Typ ist Typ C, bei dem sich nicht nur zwei aufeinander folgende Sprints überlappen, sondern gleich mehrere. Dieser Typ erfordert von allen Beteiligten eine Menge Erfahrung mit Scrum sowie die Unterstützung der ganzen Organisation. (Hartmann und Schotte 2008, S. 201–203; Takeuchi und Nonaka

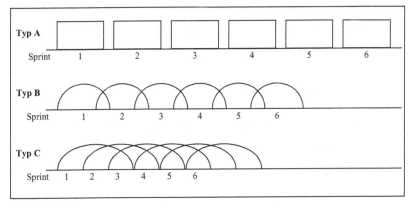

Bild 7 Sprint Typen
Quelle: In Anlehnung an TAKECHI UND NONAKA und SUTHERLAND ET AL. (Sutherland et al. 2006, S. 2; Takeuchi und Nonaka 1986, S. 139)

1986, S. 138)

In einem Unternehmen können auch mehrere Teams gleichzeitig an verschiedenen Projekten oder gemeinsam an einem arbeiten. Bezüglich der zwischen den Teams herrschenden Interdependenzen, lassen sich diese, analog zu Bild 7, charakterisieren. Während Typ A Teams bezeichnet, die völlig unabhängig voneinander arbeiten, weisen

Teams nach Typ B oder Typ C Überschneidungen bezüglich ihrer Arbeit oder diesbezüglich ein hohes Maß an Integration auf. (Sutherland et al. 2006, S. 2) Die Koordination solcher Teams findet im Scrum of Scrums (→ 3.5.4) statt. Darüber hinaus erfordert die Wahl des Start- und Endzeitpunkts der Sprints solcher Teams, die Betrachtung eben dieser Überschneidungen. Ein zeitversetzter Start, wie in Bild 8, kann durchaus von Vorteil sein, da in den später startenden Sprints die Planungen der zuvor gestarteten Teams in der eigenen Planung berücksichtigt werden können. Andererseits ergibt sich hier der Umstand, dass immer mindestens ein Sprint gerade läuft und dadurch zu keinem Zeitpunkt alle Teams fertig sein können. Um die für ein Projekt geeigneten Start- und Endzeitpunkte für die verschiedenen Sprints zu finden, empfiehlt COHN diese zunächst zu synchronisieren (→ Bild 8), um dann nach zwei Sprints in einer gemeinsamen Retrospektive (→ 3.5.6) die mit der Synchronisierung entstandenen Vorteile und Schwierigkeiten zu besprechen.

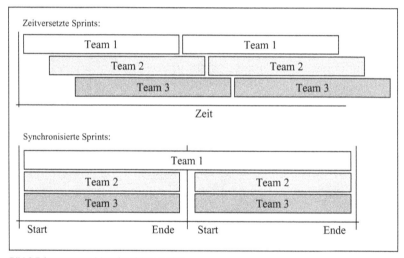

Bild 8 Zeitversetzte und Synchronisierte Sprints
Quelle: COHN (2010a, S. 374–375)

Abgesehen vom regulären Abschluss eines Sprints durch das Sprint Review, gibt es die Möglichkeit, einen Sprint vorzeitig abzubrechen. Diese Option kann dann notwendig werden, wenn das Verfolgen des Ziels obsolet geworden ist. Die Ursache dafür kann z. B. durch eine Neuausrichtung der Unternehmensstrategie oder durch veränderte Marktbedingungen bedingt werden.

Was die Rolle betrifft, die einen Sprint vorzeitig abbrechen kann, widerspricht sich der Scrum Guide mit SCHWABER UND BEEDLE. Während der Scrum Guide, ohne es näher zu begründen, explizit den Product Owner als zum Abbruch berechtigt definiert, machen SCHWABER UND BEEDLE diesbezüglich keine Einschränkungen, bezeichnen aber die Möglichkeit des Teams, seinen eigenen Sprint abzubrechen, als eine wirkungsvolle Kombination, die andere davon abhalten kann, unerlaubterweise in das Team oder dessen Arbeit einzugreifen und dadurch für einen eventuellen Abbruch verantwortlich zu werden. Fertig realisierte Elemente des Product Backlog können übernommen werden, während alles andere verworfen wird. Das ist nicht nur schmerzhaft für das Team, sondern aufgrund der bereits verbrauchten Ressourcen auch teuer. Daher ist ein vorzeitiger Abbruch nicht üblich. (Schwaber und Beedle 2002, S. 53–54; Schwaber und Sutherland 2010, S. 11)

3.5 Meetings

Meetings stellen in Scrum das zentrale Planungs- und Kommunikationsmedium dar. Im Folgenden wird erläutert, welche Meetings es gibt sowie wann und wie diese abzuhalten sind.

3.5.1 Release-Planung

Die Release-Planung dient dem Aufbau eines Release-Plans, um von der Vision des Produkts zum fertigen Produkt zu gelangen und dabei die Kundenzufriedenheit und den Return On Investment zu verbessern. Im Release-Plan werden das Ziel, die Elemente des Product Backlog mit der höchsten Priorität, die Hauptrisiken sowie die allgemeinen Eigenschaften und Funktionen festgehalten. Daneben werden auch der geschätzte Fertigstellungstermin und die Anzahl benötigter Sprints sowie die dafür geschätzten Kosten festgehalten. Hierfür ist es erforderlich, dass ein Product Backlog vorliegt, dessen Elemente bereits geschätzt und priorisiert sind, was zu Beginn der Release-Planung erfolgt.

Die Release-Planung ist optional und kann bei kleineren Projekten auch weggelassen werden. Da der Release-Plan aber den Rahmen für die Sprint-Planung vorgibt, kann dessen Fehlen das Projekt später erschweren. Diese Release-Planung beansprucht, im Vergleich zu den in den meisten Organisationen bereits vorhandenen Release-Planungs-

Prozessen lediglich 15 bis 20 Prozent des Aufwands, da in Scrum Planungen auch in der Sprintplanung, dem Sprint Review und dem Daily Scrum erfolgen. Insgesamt kann sich dadurch aber ein vergleichsweise höherer Aufwand ergeben. (Pichler 2009, S. 49–52; Schwaber und Sutherland 2010, S. 9–11)

3.5.2 Sprint Planning Meeting

Das Sprint Planning Meeting dient dazu, ein Sprint-Backlog zu erstellen, welches vom Team im zu planenden Sprint realisiert werden kann. Hierzu treffen sich das Team, der Product Owner sowie der Scrum Master vor jedem Sprint. Zusätzlich können weitere Personen eingeladen werden, die für das Meeting relevante Informationen beitragen können. Dieses Meeting ist bei zweiwöchigen Sprints auf vier Stunden begrenzt. Bei kürzeren oder längeren Sprints steht entsprechend weniger oder mehr Zeit zur Verfügung. Der Scrum Master sorgt dafür, dass dieser Zeitrahmen nicht überschritten wird und moderiert das Sprint Planning Meeting. Dieses teilt sich entsprechend der beiden Fragestellungen, was wird realisiert und wie wird es realisiert, in zwei Teile.

Während der Besprechung, was realisiert werden soll, liefert der Product Owner eine Auswahl an Elementen aus dem Product Backlog mit der höchsten Priorität und beschreibt ein Sprint-Ziel, das durch deren Realisierung erreicht werden soll. Damit das Team zielgerichtet arbeiten kann, wird dieses Ziel solange besprochen und gegebenenfalls angepasst, bis es vom Team verstanden ist. Anschließend wählt das Team aus den vom Product Owner gelieferten Elementen diejenigen aus, auf deren Realisierung sich das Team gegenüber dem Product Owner verpflichtet. Bei der Auswahl der Elemente orientiert sich das Team dabei am zuvor besprochenen Sprint-Ziel sowie an der eigenen Velocity (Leistungsfähigkeit → 3.2.3).

Im zweiten Teil des Meetings identifiziert das Team die Aktivitäten und schätzt deren Realisierungsaufwand, die erforderlich sind, um die Elemente aus dem Product Backlog zu realisieren, zu denen sich das Team verpflichtet hat. Die Aktivitäten sollten dabei möglichst präzise beschrieben werden. Da sich ein Team in Scrum selbst organisiert, obliegt diese Aufgabe allein dem Team. Bei Bedarf kann es das Fachwissen anderer Personen in Anspruch nehmen. Ebenfalls wichtig ist, dass bei der Schätzung keine Puffer eingeplant werden dürfen, was auch nicht nötig ist, da alles, was die Arbeit des

Teams verzögern könnte, eine Gefahr darstellt und vom Scrum Master (→ 3.2.1) zu beseitigen ist. Stellt das Team fest, dass es nicht alle versprochenen Elemente realisieren oder mehr leisten kann, kann es diesbezüglich mit dem Product Owner neu verhandeln. Das Ergebnis sind eine Reihe von geschätzten Aufgaben, die im Sprint Backlog (→ 3.3.2) festgehalten werden. (Pichler 2009, S. 93–97; Schwaber 2004, S. 133–134; Schwaber und Sutherland 2010, S. 13–14)

3.5.3 Daily Scrum

Im Daily Scrum muss jedes Teammitglied berichten, was es seit dem letzten Daily Scrum fertig gestellt hat, auf welche Probleme es gestoßen ist und was es bis zum nächsten Daily Scrum vorhat fertigzustellen. (Rising 2000, S. 31) Das Ziel ist es, die Erfolgswahrscheinlichkeit des Teams zu erhöhen, das Ziel zu erreichen, womit dieses Meeting einen wichtigen Teil der empirischen Prozesssteuerung in Scrum darstellt. (Schwaber und Sutherland 2010, S. 15)

SCHWABER UND BEEDLE (2002, S. 40) beschreiben Softwareentwicklung als einen komplexen Prozess, der eine Menge an Kommunikation erfordert. Das Daily Scrum ist ein Meeting, in dem das Team die Gelegenheit erhält, miteinander zu kommunizieren. Der Scrum Guide (Schwaber und Sutherland 2010, S. 16–17) legt die Dauer des Daily Scrum auf 15 Minuten fest. Ferner ist das Daily Scrum, wie die Bezeichnung bereits andeutet, täglich abzuhalten. Zu welcher Uhrzeit dieses Meeting abgehalten wird, wird zwar nicht vorgegeben, muss jedoch jeden Tag zur selben Uhrzeit stattfinden. PICHLER (2009, S. 104) und SCHWABER (2004, S. 135) empfehlen, das Daily Scrum morgens als erstes durchzuführen, da so das Team seine Tagesplanung besser vornehmen kann. SCHWABER UND BEEDLE zufolge bringt das Daily Scrum die Teammitglieder dazu, sich daran zu gewöhnen teamorientiert, schnell und höflich zu entwickeln. Darüber hinaus wird die Kommunikation im Team gesteigert. Hindernisse und Probleme bezüglich der Entwicklung können identifiziert und eliminiert werden. Dadurch gewinnt dieses Meeting auch für den Scrum Master an Bedeutung, da es in seiner Verantwortung liegt, sämtliche Bedrohungen, welche die Arbeit des Teams gefährden, zu eliminieren (→ 3.2.1). Hier kann er durch Beobachtung, neben den vom Team kommunizierten

Problemen, Hinweise auf weitere Probleme erhalten, wie z. B. durch private Probleme abgelenkte Teammitglieder.

Ferner sind die Teilnehmer ständig über den aktuellen Status der Entwicklung informiert. Andere Meetings z. B. Statusupdate-Meetings werden dadurch überflüssig gemacht, da jeder, der über den aktuellen Status informiert sein möchte oder muss, an den Daily Scrums partizipieren und sich ein Bild machen kann. Aufgrund des kurzen Zeitabstands von nur einem Tag zwischen den Meetings und der kurzen Dauer von nur 15 Minuten, ist es für einen Interessierten nicht nur leichter dem Projektverlauf zu folgen, ein Daily Scrum ist auch leichter verständlich und informativer als z. B. das Lesen von Berichten.

Zwischen dem Team, für das die Teilnahme am Daily Scrum obligatorisch ist und den anderen Interessierten, die diesem Meeting als Zuhörer beiwohnen können unterscheidet Scrum durch die Einführung der Rollen Pigs und Chicken. Diese Rollenbezeichnungen basieren auf einer oft zitierten Fabel (PURI 2009, S. 39; Schwaber und Beedle 2002, S. 42; Vizdos und Clark), die den Grund dieser Unterscheidung verdeutlichen soll. In dieser Fabel unterbreitet ein Huhn einem Schwein den Vorschlag gemeinsam ein Restaurant zu eröffnen. Auf die Frage des Schweins, wie sie das Restaurant nennen sollen, antwortet das Huhn: „Eier und Speck". Daraufhin lehnt das Schwein den Vorschlag mit der Begründung ab, dass es durch das Liefern von Speck voll involviert wäre, während das Huhn sich durch das Eierlegen nur beteilige. Als Schweine werden die Teammitglieder bezeichnet, da sich diese für die Lieferung der im Sprint Planning Meeting (→ 3.5.2) vereinbarten Funktionalität verpflichtet haben. PICHLER (2009, S. 104) weicht von diesem Rollenverständnis etwas ab, indem er auch den Product Owner dazu zählt. Als Hühner werden alle anderen Teilnehmer, also die Zuschauer bezeichnet, die wenn überhaupt im Anschluss an das Meeting etwas beitragen können. Während des Daily Scrum müssen sich diese absolut passiv verhalten. Reden oder sonstiges Interagieren mit den Teilnehmern des Daily Scrum ist ihnen untersagt. Da es sich bei wichtigen Personen, wie z. B. dem Auftraggeber, als schwierig erweisen könnte, dafür zu sorgen, sich entsprechend zu verhalten, empfehlen HARTMANN UND SCHOTTE (2008, S. 200) die Regeln vorher zu kommunizieren. SCHWABER UND BEEDLE (Schwaber 2004, S. 135–136; Schwaber und Beedle 2002, S. 42–43) gehen einen Schritt weiter und empfehlen die passiven Teilnehmer abseits der Teammitglieder zu platzieren um sie physisch vom Team abzugrenzen und dadurch ihre Rolle als Zuschauer zu unterstreichen. Die Anzahl der Zuschauer ist zwar nicht beschränkt, sollte aber, um unnötige Störungen oder Ablenkungen für das Team zu vermeiden, möglichst klein gehalten werden. Die Verantwortung, dass sich alle während des Daily Scrum an die Regeln halten, liegt beim Scrum Master.

Auch die Organisation des Daily Scrum liegt in der Verantwortung des Scrum Master. Es ist seine Aufgabe eine Uhrzeit zu etablieren und für die regelmäßige und korrekte Durchführung Sorge zu tragen. Dazu gehört auch die Bereitstellung eines mit allem Notwendigen ausgestatteten Raums. SCHWABER UND BEEDLE (Schwaber und Beedle 2002, S. 41) weisen darauf hin, dass dies dem Scrum Master einiges an Durchsetzungsvermögen abverlangen kann, wenn z. B. das Management nicht die erforderlichen Ressourcen bewilligt.

Der eigentliche Ablauf des Daily Scrum ist recht einfach. Zuerst berichtet jedes Teammitglied, was es in den letzten 24 Stunden, also seit dem letzten Daily Scrum geleistet hat. Das Teammitglied beschränkt sich bei seinen Ausführungen ausschließlich auf diesen Zeitraum und auf Punkte, die für die Arbeit in diesem Sprint relevant sind. Sollte das Teammitglied auch von anderen Aufgaben berichten, an denen es gearbeitet hat, kann dies ein Hinweis auf ein Gefahrenpotential für die Arbeit des Teams sein. Die zweite von jedem Teammitglied zu beantwortende Frage ist die, welche Aufgabe es bis zum nächsten Daily Scrum bearbeiten wird. Auch hier gilt die Beschränkung auf Arbeit, zu der sich das Team in der Sprint Planung verpflichtet hat. Auf die dritte und letzte Frage antwortet jedes Teammitglied, indem es kurz und präzise von den Problemen und Hindernissen berichtet, die sich negativ auf seine Arbeit ausgewirkt haben oder auswirken. Das soll dem Scrum Master bei seiner Aufgabe helfen, diese zu beseitigen. Diese Fragen hat jedes Teammitglied zu beantworten. Sollte ein Teammitglied nicht vor Ort sein können, um persönlich teilzunehmen, und ist es ihm auch nicht möglich, z. B. per Telefon teilzunehmen, so fordert SCHWABER (2004, S. 135), dass es sich von einem anderen Teammitglied vertreten lässt. (Schwaber und Beedle 2002, S. 40–45) Damit wird dem sechsten agilen Prinzip (→ 2.3.3) entsprochen.

Diskussionen und andere Dialoge, die während des Daily Scrum nicht gestattet sind, können im Anschluss vom Team oder einzelnen Teammitgliedern zusammen mit anderen Interessierten geführt werden. (Hartmann und Schotte 2008, S. 201; Schwaber 2004, S. 135)

Um eine Monotonie des Daily Scrum zu vermeiden, betrachtet PICHLER (2009, S. 104) das Einbringen von Abwechslung als vorteilhaft. Exemplarisch schlägt er vor, ein bis zweimal pro Woche eine vierte Frage privater Natur, wie z. B. eine über Aktivitäten am Wochenende, einzubauen. Dies helfe dem Team, sich besser kennenzulernen und lockere die Besprechung auf.

3.5.4 Scrum of Scrums

Dieses Meeting, das auch als Meta-Scrum bezeichnet werden kann, wird durchgeführt, wenn mehrere Teams entweder gemeinsam am selben Projekt arbeiten oder in verschiedenen Projekten arbeiten, zwischen denen Abhängigkeiten bestehen. In beiden Fällen ist das Ziel die Koordination der Teams. Dazu treffen sich regelmäßig die Teams, jeweils vertreten durch ein Mitglied, um gemeinsam Abhängigkeiten und Probleme, in und zwischen den Projekten, zu identifizieren und zu besprechen. Dazu wird von jedem berichtet, was sein Team seit der letzten Besprechung getan hat und was es bis zur nächsten Besprechung vorhat zu tun. Der Fokus liegt hierbei auf Tätigkeiten, welche die Arbeit der anderen Teams beeinflussen können. Zusätzlich berichtet jeder von den Problemen seines Teams, für die die Hilfe der anderen notwendig ist. Anschließend werden die Probleme und deren Lösungen besprochen.

Anstatt einer Definition für die Frequenz und Dauer des Scrum of Scrums, gibt es eine Empfehlung, dieses zwei bis drei Mal die Woche abzuhalten und dafür jeweils bis zu einer Stunde einzuplanen. (Cohn 2010, S. 372–373; Gloger 2009, S. 237–238)

Das hier verwendete Konzept zur Koordination mehrerer Teams findet auch in der Skalierung und Koordination von großen oder verteilten Projekten Anwendung, wobei die Bezeichnungen Scrum of Scrums und Meta-Scrum nicht mehr dasselbe Meeting betiteln. Hierauf und auf die Skalierung von Scrum wird in dieser Arbeit nicht weiter eingegangen. Stattdessen sei hier auf die Werke von Roman Pichler (Pichler 2009) und Mike Cohn (Cohn 2010) sowie auf den Konferenzbeitrag von Jeff Sutherland (Sutherland 2005) verwiesen, die diese Thematik ausführlich behandeln.

3.5.5 Sprint Review

Das Sprint Review ist das Meeting, mit dem ein Sprint abgeschlossen und an dessen Ende abgehalten wird. Der Scrum Guide (Schwaber und Sutherland 2010, S. 13) legt die Dauer des Sprint Review bei einmonatigen Sprints auf vier Stunden und bei kürzeren entsprechend weniger fest. Zu diesem vom Scrum Master organisierten und moderierten Meeting lädt dieser den Produkt Owner, das Team, die Kunden sowie die Anwender und eventuell weitere daran Interessierte wie z. B. das Management, andere Scrum Teams und Entwickler etc. ein.

Der Scrum Master oder ein Teammitglied beginnt das Meeting, indem er den Anwesenden einen kurzen Überblick über den Sprint, das Sprint-Ziel und die Elemente des Product-Backlog, zu deren Realisierung sich das Team verpflichtet hatte, gibt. Dadurch wird den Teilnehmern eröffnet, was sie in der folgenden Präsentation erwarten dürfen. Sie können somit Abweichungen in den Ergebnissen des Sprints erkennen und diskutieren. Nach dieser Eröffnung präsentiert das Team die Funktionalität, die es im Sprint realisieren konnte. Hierfür sollte eine Systemumgebung verwendet werden, die dem späteren Zielsystem möglichst nahe kommt. Da die Teilnehmer auch ein besseres Verständnis für die Architektur erhalten sollen, kann dieses zusätzlich mit Hilfe eines Modells grafisch dargestellt und die Neuerungen daran farblich hervorgehoben werden. Das Ausprobieren durch die anwesenden Teilnehmer sowie Fragen, Vorschläge und Diskussionen sind nicht nur erlaubt sondern, ausdrücklich erwünscht. Dadurch werden die Teilnehmer nicht nur mit den Stärken und Schwächen der präsentierten Funktionalität vertraut, sondern die Kunden und Anwender können Funktionalität identifizieren, die ihnen fehlt oder nicht so realisiert wurde, wie sie es sich vorgestellt hatten und später den Product Owner veranlassen, eine entsprechende Aktualisierung des Product Backlog vorzunehmen. Dasselbe gilt auch für bisher nicht vorgesehene Funktionalität, deren Notwendigkeit erst während des Sprint Review festgestellt wird. Nach oder während der Präsentation berichtet das Team über Schwierigkeiten, auf die es im Sprint gestoßen ist, wie es damit umgegangen ist und was gut gelaufen ist. Dies und alles andere bisher im Sprint Review Diskutierte soll helfen, Einflüsse zu identifizieren, die sich vorteilhaft oder ungünstig auf einen Sprint auswirken, um im nächsten Sprint entsprechende Verbesserungen vorzunehmen. Zur Identifizierung von Verbesserungsmaßnahmen gibt es zusätzlich auch die Retrospektive (→ 3.5.6).

Basierend auf den Eindrücken, die der Product Owner im Sprint Review gewonnen hat, diskutiert er mit dem Team sowie mit den Anwendern und Kunden über mögliche Änderungen im Product Backlog.

Zur Vorbereitung auf das Sprint Review sollte das Team nicht mehr als eine Stunde aufwenden. SCHWABER UND BEEDLE verbieten daher Power Point Präsentationen. Ferner sind sie der Ansicht, dass, wenn ein Team mehr als zwei Stunden zur Vorbereitung zu benötigen glaubt, das meist an den Ergebnissen des Sprints liegt, von denen das Team nicht so viele hat, wie es zu zeigen gehofft hatte.(Schwaber 2004, S. 137–138; Schwaber und Beedle 2002, S. 54–56)

3.5.6 Retrospektive

Eine fortlaufende Verbesserung ist ein wichtiger Bestandteil von Scrum. COHN (2010, S. 32) zeigt an einem Beispiel, dass ein Unternehmen zwar von der Einführung von Scrum durch schneller produzierte Software höherer Qualität profitieren kann, aber ohne eine ständige Verbesserung, das durch Scrum entstandene Potential nicht ausschöpft.

Die Retrospektive ist eine Form der Aufarbeitung von Projekten, die auf der Agile Development Conference 2003 in Salt Lake City vorgestellt und später von Ken Schwaber in Scrum übernommen wurde. (Gloger 2009, S. 175)

Abzuhalten ist die Retrospektive zwischen dem Sprint Review und dem Sprint Planning Meeting. Zeitlich sollen dafür maximal drei Stunden bei einmonatigen Sprints und bei kürzeren entsprechend weniger verwendet werden. (Schwaber und Sutherland 2010, S. 14–15) Als Ziel beschreibt der Scrum Guide das Erzielen von Lerneffekten aus dem vergangenen Sprint bezüglich der Menschen, Beziehungen, den Prozess und die Werkzeuge, um dadurch zukünftige Sprints angenehmer und erfolgreicher zu gestalten, wodurch auch dem zwölften agilen Prinzip entsprochen wird (→ 2.3.3).

Dazu beantworten alle Teammitglieder die beiden Fragen, was ist im letzen Sprint gut gelaufen ist und was im nächsten Sprint besser gemacht werden könnte? (Schwaber 2004, S. 138) Während die erste Frage hilft, die positiven Aspekte zu erhalten, besteht bei der zweiten ein Konfliktpotential, da durch sie Probleme diskutiert werden, die vorwiegend von Menschen, also auch von Teammitgliedern verursacht werden. Darüber hinaus sollte die Retrospektive moderiert werden, damit der Fokus, der auf Verbesserungen liegt, nicht durch z. B. Schuldzuweisungen oder andere, nicht zweckdienliche Diskussionen verloren geht. (Bleek und Wolf 2008, S. 21–22)

Wie beim Daily Scrum obliegt auch die Moderationsaufgabe dem Scrum Master. Dieser hält sich inhaltlich zurück und greift selbst bei emotionalen Diskussionen nur dann lenkend ein, wenn es die Situation erfordert. Falls nötig kann er dazu die Retrospektive auch unterbrechen oder sogar ganz abbrechen. (Wirdemann 2009, S. 183)

Als wesentlich betrachtet GLOGER, dass alle Teammitglieder an der Retrospektive teilnehmen, da nur hier die Lerneffekte erzielt werden. Ein eventueller dabei erstellter Bericht oder eine Maßnahmenliste dienen lediglich als Hilfsmittel, um Verbesserungen umzusetzen. (Gloger 2009, S. 175–177)

4. Einführung und Praxis

4.1 Einführung von Scrum

Was gilt es bei der Einführung und beim Einsatz von Scrum zu beachten und welche Probleme und Schwierigkeiten können auftreten? Das sind Fragen, die vor der Einführung von Scrum auftreten können. Einige Antworten darauf liefert das folgende Kapitel.

4.1.1 Motivatoren

COHN beschreibt einige Gründe, die einen Übergang zu Scrum motivieren können. Diese wären unter anderem eine höhere Produktivität bei geringeren Kosten, ein gesteigertes Engagement und höhere Zufriedenheit der Mitarbeiter, kürzere Time-to-Market, eine höhere Qualität und eine höhere Zufriedenheit der Stakeholder. Für diese Gründe liefert er zum Beleg einige Beispiele aus seiner Erfahrung. (Cohn 2010, S. 39–45) DECHKO (2010, S. 116) nennt zudem eine gesteigerte Transparenz bezüglich des Entwicklungsprozess auch bei Nichttechnikern, einen geringen Aufwand um Scrum zu begreifen sowie die geringen Startinvestitionen als Gründe, die für eine Einführung von Scrum sprechen.

4.1.2 Vorgehensweisen

Für das Change Management identifiziert DEURINGER (2000, S. 45) diverse, an der Organisationshierarchie orientierte Strategien. Diese beschreiben ein von der Führungsspitze (Top-Down-Strategie), der Basis (Bottom-Up-Strategie) oder der Mitte (Keilstrategie) einer Organisationhierarchie ausgehendes Vorgehen, sowie Kombinationen davon.

Da eine, von der Basis ausgehende Einführung von Scrum, im mittleren Management auf nicht überwindbaren Widerstand durch z. B. betroffene Abteilungsleiter stoßen kann und eine Top-Down-Strategie an der Weigerung der Mitarbeiter scheitern kann, empfiehlt COHN (2010, S. 33–34) ein Vorgehen, dass Aspekte der Top-Down als auch die der Bottom-Up-Strategie beinhaltet und von der Basis ausgeht, dabei aber die Unterstützung des Managements genießt.

Des Weiteren stellt sich die Frage, ob Scrum schrittweise, also zunächst mit nur einem oder zwei Teams, oder für alle auf einmal eingeführt werden soll. Die Einführung mit einem oder zwei Teams ist zunächst günstiger, da nicht eine große Anzahl an Mitarbeitern geschult werden muss. Auch sind die Auswirkungen von Fehlern, die dabei gemacht werden können, nicht so gravierend, wie bei der Einführung mit vielen Teams. Darüber hinaus können auch gesammelte Erfahrungen in die weitere Einführung mit einfließen. Die Erfolgswahrscheinlichkeit eines Teams kann durch die sorgfältige Auswahl der Mitarbeiter und des Projekts gesteigert werden, was hilfreich bei der Überzeugung von Einführungsgegnern sein kann. Durch die gleichzeitige Einführung von Scrum für alle Teams, werden hingegen Schwierigkeiten umgangen, die entstehen können, wenn ein Scrum Team seine Arbeit mit Nicht-Scrum-Teams koordinieren muss. Auch sind bei einem beschlossenen Komplettübergang weniger Widerstände durch Scrum-Gegner zu erwarten, als bei einer schrittweisen Herangehensweise. Hinzu kommt, dass bei einem solchen Vorgehen, die Umstellung früher abgeschlossen werden kann, als bei der schrittweisen Einführung. Zu empfehlen ist die Strategie, Scrum für alle Teams gleichzeitig einzuführen, dann, wenn die Zeit ein besonders entscheidender Faktor ist. Wichtig ist dabei, für jedes Team erfahrene Scrum Master zu haben. Ansonsten ist die schrittweise Einführung, allein schon wegen der höheren Erfolgsaussichten und des geringeren Risikos, vorzuziehen. Nach der erfolgreichen Einführung der ersten Teams, kann für die weitere Einführung unterschiedlich vorgegangen werden. Eine Möglichkeit ist der Verbreitung von Pflanzen nachempfunden. Analog zu den Keimen, die eine Pflanze ausstreut, aus denen weitere Pflanzen wachsen, wird das erfolgreich eingeführte Team zerlegt und aus jeweils ein bis zwei seiner Mitglieder zusammen mit anderen Mitarbeitern neue Teams gebildet. Dem Vorteil, dass in jedem Team Scrum-erfahrene Mitarbeiter sind, die die Unerfahrenen unterstützen können, steht dem Nachteil der Auflösung eines erfolgreichen Teams gegenüber. Eine weitere mögliche Vorgehensweise bedient sich ebenfalls eines Vorbilds in der Natur. Entsprechend wachsender Zellen, die sich nach Erreichen einer bestimmten Größe teilen, werden hier dem Team solange Mitglieder hinzugefügt bis es eine Größe, von z. B. acht Mitgliedern, erreicht hat und wird dann in zwei kleinere Vier-Personen-Teams aufgeteilt und der Vorgang wiederholt. Dieses

Vorgehen ist zwar nicht ganz so schnell, wie das zuvor genannte, vermeidet aber die vollständige Zerstörung von funktionierenden Teams. Bei einer schrittweisen Einführung, stellt sich auch die Frage, wie die Kommunikation diesbezüglich gestaltet werden soll. Bei einer heimlichen Einführung, also wenn nur die Beteiligten informiert werden, kann deutlich weniger oder gar keinen Widerstand durch Gegner oder das Management erwartet werden. Darüber hinaus können bei einem Fehlschlag, mit der dabei gesammelten Erfahrung, erneute Versuche gestartet werden, bis ein Erfolg erzielt wird, mit dem dann eine umfassendere Einführung begründet werden kann. Auf der anderen Seite bestehen bei einer heimlichen Einführung nur begrenzt Möglichkeiten Hilfe von der Organisation in Anspruch zu nehmen. Ein heimliches Vorgehen sollte nur dann einer offenen Kommunikation vorgezogen werden, wenn dies aufgrund von zu großen, erwarteten Widerständen durch Gegner oder nicht ausreichendem Einfluss in der Organisation, unvermeidbar ist. (Cohn 2010, S. 71–78)

Weitere Hinweise und Vorgehensweisen für die Einführung von Scrum finden sich in den Werken von ROMAN PICHLER (2009, S. 159–168) und MIKE COHN (2010, S. 71-86, 125-145). Noch Umfassender mit Veränderungen in Unternehmen befassen sich Werke zum Thema Change Management, wie beispielsweise das von DOPPLER UND LAUTERBURG (2008).

4.1.3 Gefahren

Die klassische Rolle des Projektmanagers gibt es in Scrum nicht. Die wesentlichen Aufgaben, die von einem Projektmanager wahrgenommen wurden, sind nun auf die drei Rollen Team, Product Owner und Scrum Master verteilt. Das Fehlen der Rolle Projektmanager kann daher eine Herausforderung, bezüglich der Akzeptanz in der Organisation, darstellen. (Dechko 2010, S. 117; Pichler 2009, S. 23–24)

Aufgrund des Fehlens des Projektleiters, besteht laut HANSER (2010, S. 67–68) die Gefahr, dass der Scrum Master oder der Product Owner diese Rolle übernehmen und damit den korrekten Einsatz von Scrum gefährden. Oft werden auch ehemalige Projektleiter für die Rolle des Scrum Master bestimmt, was Hanser zufolge mit einer großen Gefahr, in alte Denkmuster zurückzufallen, verbunden ist und ebenfalls den korrekten Einsatz von Scrum gefährden kann. HANSER empfiehlt daher, den Product Owner, den Scrum Master und das Team regelmäßig durch Scrum Experten zu schulen.

Auch wenn mit der Selbstorganisation von Teams einige Vorteile verbunden sind, sind die Anforderungen an die Qualifikation der Teammitglieder und ihren Führungskräften sehr hoch, was, VIGENSCHOW (Vigenschow 2008, S. 93) zufolge, zu einer Gefahr werden kann, wenn diese nicht ausreichend vorhanden sind. Er fordert daher eine entsprechende Vorbereitung des Umfelds bezüglich der Prozess- und Sozialkompetenz. Eine weitere Gefahr sieht er in den, in selbstorganisierenden Teams, nur unzureichend vorhandenen, klassischen Führungswerten wie Orientierung, Geborgenheit und Sicherheit. Dies könne dazu führen, dass bei einigen Mitarbeitern ein Unwohlsein im Projekt aufkommt.

4.2 Praxisbeispiel: telegate Media AG

Im Jahr 2009 hat das Unternehmen telegate Media AG für die Produktentwicklung Scrum eingeführt. Anhand dieses Unternehmens wird gezeigt, wie eine Einführung und Umsetzung von Scrum praktisch aussehen kann.

4.2.1 telegate Media vor der Einführung von Scrum

Die telegate Media AG entwickelte auch vor der Einführung von Scrum ihre Produkte. Wie dies erfolgt ist und welche Methoden dabei eingesetzt wurden, wird im Folgenden beschrieben.

Die telegate Media AG ist als Dienstleister im Bereich der lokalen Suche und Telefonauskunft tätig. Um die Dienstleistungen den Kunden zur Verfügung zu stellen, werden verschiedene Produkte entwickelt und angeboten. Zu diesen zählen die Internet-Frontends einschließlich der für mobile Endgeräte optimierten Versionen, Apps für verschiedene Smartphones, diverse Einzelplatzanwendungen für Desktop Computer, Client-Server basierte Anwendungen, Intranet-Anwendungen sowie in Kürze ein Cloud-basiertes on-demand Produkt für Unternehmen. Speziell für das Angebot durch Partner werden auch angepasste Versionen einiger Produkte entwickelt. Neben diesen Produkten werden auch Anwendungen für den internen Gebrauch entwickelt.

Während ein Teil der Entwicklungsarbeit auf die Erstellung neuer Produkte abzielt, beschäftigt sich ein anderer Teil damit, die vorhandenen Produkte zu pflegen und diese um neue Funktionen zu erweitern.

Zur Entwicklung der verschiedenen Produktgruppen setzte die telegate Media AG unterschiedliche Teams und Produktmanager ein, die nach einem an das Wasserfall-Modell angelehnten Schema arbeiten. Die Produktmanager erhielten aus unterschiedlichen Bereichen, wie z. B. dem Kundensupport, der Geschäftsführung, Partnerunternehmen oder durch eigene Recherchen, wie z. B. Marktanalysen, Anforderungen und Wünsche (-1- in Bild 9) an das von ihnen verwaltete oder an ein neues Produkt. Aus diesen Anforderungen entwickelte dann der jeweilige Produktmanager ein Lastenheft (-2- in Bild 9), welches er zusammen mit einem Fertigstellungstermin entweder über den jeweiligen Teamleiter oder direkt an das entsprechende Team kommunizierte (-3- in Bild 9). Auf Basis dieses Lastenhefts wurden vom Team die Produkte und Funktionen realisiert (-4- in Bild 9). Ein bis zwei Wochen vor dem Release-Termin des Produkts wurde es an das Qualitätsmanagement übergeben (-5- in Bild 9), wo es Akzeptanztests (-6- in Bild 9) unterzogen wurde. Abhängig davon, wie komplex oder kritisch die gefundenen Fehler waren, wurden diese entweder vom Qualitätsmanagement direkt an das Team kommuniziert und umgehend behoben oder zusätzlich in ein Fehlerverwaltungssystem eingetragen. (-7- in Bild 9). Wenn beim Testen keine Fehler mehr gefunden wurden, die vom Qualitätsmanagement als freigabeverhindernd betrachtet wurden, so wurde das Produkt freigegeben (-9- in Bild 9) und an die entsprechende Fachabteilung übergeben, dem Partnerunternehmen ausgehändigt oder am Markt veröffentlicht.

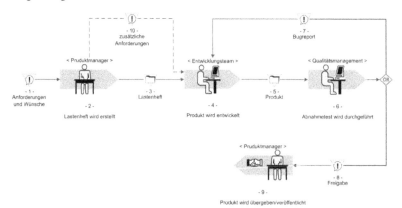

Bild 9 Softwareentwicklung bei der telegate Media AG vor der Einführung von Scrum

Neben dem Lastenheft erhielten die Teams auch formlos von den jeweiligen Produktmanagern Anforderungen (-10- in Bild 9), die sie umzusetzen hatten. Diese

Mehrarbeit führte zu einer zusätzlichen Belastung des jeweils betroffenen Teams und resultierte nicht selten in Fristüberschreitungen oder, wenn es diese unbedingt zu vermeiden galt, zu einer höheren Anzahl an Fehlern im Produkt. Eine weitere Folge war, dass das Team die Produkte dem Qualitätsmanagement erst spät für Abnahmetest zur Verfügung stellen konnte, sodass in der kurzen verbliebenen Zeit entweder einige Fehler nicht gefunden wurden oder gefundene Fehler als nicht freigabeverhindernd eingestuft wurden, da der Release-Termin eine Korrektur samt erneuter Überprüfung nicht mehr zuließ. Eine Verschiebung des Release-Termins, insbesondere bei sogenannten Regelreleases, die eine Veröffentlichung des Produkts zu festen und regelmäßig wiederkehrenden Terminen vorsehen, wurde erst dann vorgenommen, wenn ein Fehler eine von Kunden deutlich wahrnehmbare Einschränkung des Produkts verursachte.

4.2.2 Idee, Einführung und Umsetzung

Von der Idee, dass Scrum einige Verbesserungen für das Unternehmen bringen könnte, bis hin zum operativen Einsatz mussten einige Schritte durchlaufen werden, die im Folgenden beschrieben werden.

4.2.2.1 Idee

Bei der telegate Media AG entsprang die Idee, die Produktentwicklung auf Scrum umzustellen, dem Head of Product Development Department. Der Inhaber dieser Rolle ist der Verantwortliche für alle Software-Entwicklungsprozesse der telegate Media AG. Wenn bis zum Release-Termin eines Produkts nicht alle gewünschten Anforderungen umgesetzt worden sind oder der Release-Termin vielleicht sogar verschoben werden muss, so hat der Head of Product Development Department dies gegenüber der Geschäftsführung zu rechtfertigen. Dieser Teil der Verantwortung ist nicht immer leicht oder angenehm. Da der derzeitige Inhaber dieser Rolle bereits früher Erfahrungen mit Scrum sammeln konnte, beschloss er, Scrum auch für die Entwicklungsarbeit bei der telegate Media AG einzuführen und intendierte damit vor allem eine Erhöhung der Produktqualität, die Reduktion von Fristüberschreitungen und die Steigerung der Transparenz bezüglich der Fortschritte während der Entwicklung.

4.2.2.2 Einführung und Umsetzung

Bevor der Head of Product Development Department dieses Vorhaben offen kommunizierte, überzeugte er einige Kollegen aus unterschiedlichen, betroffenen Bereichen dieses Vorhaben zu unterstützen, um es anschließend gegenüber der Geschäftsführung und den Mitarbeitern zu propagieren. Dieses Vorgehen entspricht der Keilstrategie (→ 4.1.2) und war erfolgreich. Er hatte von beiden Seiten keinen Widerstand und konnte mit der Einführung beginnen.

Nachdem die Einführung beschlossen wurde, erhielten die für die Entwicklung der mobilen Anwendungen beschäftigten Mitarbeiter eine Einführung in Scrum und bildeten damit das erste Scrum-Team. Als sich Scrum durch dieses Team für die Entwicklungsarbeit bei der telegate Media AG als geeignet zeigte, wurden die meisten Entwickler und Produktverantwortlichen im Rahmen einer in-house-Schulung für Scrum trainiert und als Scrum Master bzw. als Product Owner zertifiziert. Der Grund, weshalb die meisten Entwickler zum Scrum Master und nicht zum Scrum Developer zertifiziert wurden, hängt lediglich mit dem Umstand zusammen, dass es zu diesem Zeitpunkt keine Zertifizierung zum Scrum Developer gab und die Zertifizierung zum Scrum Master den intendierten Zweck, die Entwickler zu schulen, erfüllte. Mit Abschluss dieser Schulungsmaßnahme wurde damit begonnen, schrittweise weitere Scrum-Teams zu bilden. Um sich stärker mit dem Team zu identifizieren, wählen die jeweiligen Mitglieder einen Teamnamen (z. B. Mobilisten oder CDRomeos) für ihr Team.

Als Product Owner wurden hauptsächlich die bisherigen Produktmanger eingesetzt. Anforderungen werden von ihnen, wie von Scrum gefordert, im jeweiligen Product Backlog gepflegt. Als Hilfsmittel setzen diese, wie es auch schon vor der Einführung von Scrum praktiziert wurde, ein zur Fehlerverwaltung gedachtes Softwaretool ein.

Da die Teams auch vor der Einführung von Scrum nicht viele Vorgaben bezüglich der Vorgehensweise bei der Entwicklungsarbeit hatten, fiel die Umstellung auf Scrum nicht schwer. Einige Teams haben jedoch begonnen teilweise Pair Programming einzusetzen oder sich gegenseitig (innerhalb des Teams) produzierten Code zu präsentieren und zu diskutieren.

4.2.3 Wirkungen der Einführung

Seitdem Scrum eingeführt wurde, hat dessen Einsatz nicht nur Einfluss auf das tägliche Arbeitsleben der Betroffenen, sondern auch auf die Produktivität. In welchem Umfang die intendierten Verbesserungen durch die Einführung von Scrum eingetreten sind und welche weiteren Wirkungen auftraten, wird im Folgenden beschrieben.

4.2.3.1 Eingetretene Verbesserungen

Die Produktivität, gemessen an der benötigten Zeit zur Fertigstellung von Anforderungen, ist seit der Einführung von Scrum nicht messbar gestiegen. Auch subjektiv haben die Entwickler nicht das Gefühl, seit der Einführung von Scrum schneller zu arbeiten. Aber durch die Vermeidung zusätzlich hinzukommender Anforderungen (→ -10- in Bild 9) in den Sprints, haben Fristüberschreitungen merklich abgenommen.

Eine von vielen Seiten deutlich wahrgenommene Verbesserung stellt die enorm gestiegene Transparenz bezüglich des Entwicklungsstands da. Die Sprint Backlogs und die Sprint Burn Down Charts, die in den jeweiligen Teambüros hängen, erlauben es jedem, sich mit einem Blick über den Entwicklungsstand zu informieren.

Eine weitere eingetretene Verbesserung findet sich in der Produktqualität. Diese ist, gemessen an der Anzahl an produzierten Fehlern im Code, deutlich angestiegen.

Entgegen des Ziels agiler Methodiken, Dokumentation zu reduzieren, ist durch die Einführung von Scrum das Gegenteil eingetreten. Es wird mehr dokumentiert, was in diesem Fall aber als positiv zu betrachten ist, da es zuvor keine konkreten Richtlinien zur Dokumentation gegeben hat und entsprechend wenig bis gar nicht dokumentiert wurde. Inzwischen wird überall, dort wo es als angemessen betrachtet wird und dem Sprint-Ziel dient, dokumentiert. Beispielsweise hat das technische Team begonnen, wichtige Architekturen mithilfe von Modellierungssprachen zu dokumentieren, was sich bereits positiv auf die Kommunikation und die Entwicklungsarbeit ausgewirkt hat.

4.2.3.2 Probleme und Herausforderungen

Es wurden zwar alle Entwickler zum Scrum-Master geschult und zertifiziert, als solche eingesetzt wurden aber zunächst die bisherigen Teamleiter, was PICHLER zufolge (2009, S. 24) ein Fehler ist, der häufig gemacht wird. Ein Teamleiter ist nicht nur disziplinarischer, sondern auch fachlicher Vorgesetzter, was Kompetenzen beinhaltet, die ein Scrum-Master nicht hat (→ 3.2.1). Eine Konsequenz war, dass oft nicht klar war, in welcher Rolle die Person, also als Teamleiter oder als Scrum-Master, spricht, was Spannungen zur Folge hatte. Dieses Spannungsfeld konnte durch das Einsetzen von anderen Personen als Scrum-Master gelöst werden.

Die Rolle des Teamleiters ist durch Scrum obsolet geworden. Da aber wesentliche Eigenschaften dieser Rolle, wie Gehalt, Einordung in der Unternehmenshierarchie einschließlich Weisungskompetenzen etc. in den Arbeitsverträgen der Inhaber dieser Rollen festgeschrieben sind, bestehen arbeitsrechtliche Hindernisse, was die Abschaffung dieser Rolle betrifft. Inzwischen ist die Rolle des Teamleiters nur noch disziplinarisch dem jeweiligen Team vorgesetzt, kann und wird aber auch bei Bedarf als Scrum Master für andere Teams eingesetzt.

Geringe Widerstände entstehen gelegentlich bei neuen Teams, die es schwer haben sich umzustellen. Meist äußert sich das durch das in Frage stellen der vielen Meetings (Daily Scrum) und dem Versuch deren Häufigkeit zu reduzieren. Gelegentlich kommt auch Unmut bei Mitarbeitern auf, die in ein größeres (Team-)Büro mit mehr Mitarbeitern umziehen müssen. Solche Widerstände konnten bisher vom entsprechenden Scrum Master oder vom Head of Product Development Department aufgelöst werden.

Eine Herausforderung, bezüglich der Durchführung von Meetings, stellte sich dem Team, das die mobilen Produkte entwickelt, da es auf zwei entfernte Standorte verteilt war. Für das Daily Scrum und die gemeinsame Arbeit wurde ein einfaches Videokonferenzsystem, bestehend aus je einem Laptop, einer hochwertigen Webcam und der Anwendung Skype, angeschafft. Um die Sprint Planning Meetings, Reviews und Retrospektiven abzuhalten, wurde jedoch die persönliche Anreise vorgezogen. Hierzu sei angemerkt, dass sich dieser Umstand, durch das vollständige Outsourcing der Leistungserstellung des entfernten Standorts an ein externes Unternehmen, erledigt hat.

Das Team, das unter anderem die Desktop- und Server-Produkte entwickelt, hat als eine wesentliche Aufgabe auch die Realisierung von sogenannten Regelreleases. Bei dieser Aufgabe handelt es sich um die regelmäßig durchzuführende Pflege bestimmter Produkte, was hauptsächlich Datenupdates sind. Bisher wurden die Regelreleases mithilfe eines an Kanban (Kniberg und Skarin 2010, S. 3–4) angelehnten und für die Softwareentwicklung angepassten Prozess realisiert. Durch die Einführung von Scrum wurde jedoch eine Integration dieser Aufgabe in Scrum erforderlich. Umgesetzt ist dies durch die dauerhafte Integration des gesamten Kanban-Prozess als geschätzte Aufgabe in das Sprint-Backlog des Teams.

Eine weitere Herausforderung war durch die Produkte bedingt, von denen viele auf gemeinsame Ressourcen, wie z. B. zentrale Datenbanken, zugreifen und deren Entwicklung nun mit der Arbeit der sie benötigenden Teams abgestimmt werden muss. Hierzu wurde, aus den für die entsprechenden Ressourcen zuständigen Entwicklern, ein weiteres technisches Team gebildet.

Da sich die Aufgaben des technischen und der anderen Teams, insbesondere bei der Schnittstellenentwicklung, überschneiden, hat sich hier eine neue Herausforderung gebildet, die sich in der Frage äußert, welches Team welchen Teil der Arbeit aus dieser Überschneidung übernimmt. Zur Abstimmung dieser und anderer durch Interdependenzen bedingter Aspekte wird an verschiedenen Stellen angesetzt. Zum einen sprechen sich die Product Owner regelmäßig zur Koordination ihrer Product Backlogs untereinander ab. Daneben nimmt jeweils ein Mitglied des technischen Teams an den Sprint Planning Meetings der anderen Teams teil, um somit ein besseres Verständnis für die Aufgaben zu erhalten. Um dieses Verständnis in den eigenen Sprint mit einfließen zu lassen, beginnt dieser, gegenüber den anderen synchronisierten Sprints (→ 3.4), zeitlich versetzt. Zusätzlich wird täglich ein Scrum of Scrums abgehalten.

Ein nicht direkt mit Scrum zusammenhängendes Risiko findet sich in dem Umstand, dass für die Bearbeitung von an bestimmte Systeme oder Plattformen gebundenen Aufgaben, wie z. B. die Entwicklung für iPhone oder Android, teilweise nur ein Entwickler, der die dafür notwendigen Fachkenntnisse hat. Die Gefahr hierbei ist, dass bei dem Ausfall eines solchen Entwicklers, z. B. durch Krankheit oder Ausscheiden aus dem Unternehmen, die Arbeit an dem entsprechenden System bzw. der Plattform nicht fortgesetzt werden kann. Auch die Möglichkeit zur Urlaubsplanung ist für diese

Entwickler eingeschränkter als bei den anderen Mitarbeitern. Aufgrund dessen gibt es derzeit Bestrebungen, für jedes System und für jede Plattform mindestens zwei ausreichend kompetente Entwickler zu haben.

Ähnlich wie bei mobile.de (Schüren 2009, S. 95) ist auch bei der telegate Media AG das Qualitätsmanagement nicht zu aller Zufriedenheit in die Scrum Teams integriert. Während ein auf das Testen der Online-Produkte spezialisierter Mitarbeiter problemlos in das entsprechende Team integriert ist, befindet sich ein anderer Tester in zwei Teams zugleich, was zu gelegentlichen Interessenskonflikten bezüglich seiner für das jeweilige Team aufgewendeten Zeit führt.

4.2.3.3 Weitere Konsequenzen

Die bisherige Einführung von Scrum hat gut funktioniert und wird von allen Beteiligten nicht nur angenommen, sondern auch weitestgehend gelebt. Darüber hinaus sind auch spür- und messbare Verbesserungen eingetreten. Daher wird die Einführung von Scrum bei der telegate Media AG bisher als Erfolg angesehen und wie geplant sukzessiv fortgeführt. Aufgrund der bisherigen positiven Erfahrungen gibt es Überlegungen, für die Softwareentwicklung Scrum unternehmensübergreifend im gesamten telegate-Konzern, zu dem die telegate Media AG gehört, einzuführen.

5. Bewertung

5.1 Kriterien eines geeigneten IT-Projektmanagements

An dieser Stelle erfolgt eine Diskussion von Kriterien, mit deren Hilfe in den nächsten Abschnitten eine Bewertung von Scrum bezüglich der Eignung für das Management von IT-Projekten erfolgen wird.

Die eingangs behandelten Grundlagen des Projektmanagements (→ 2.1) können unverändert für das IT-Projektmanagement übernommen werden, da für beide die gleichen Regeln gelten. Die Differenzierung findet sich lediglich im Gegenstand von IT-Projekten, der in der Entwicklung von IT-Produkten liegt. (Ruf und Fittkau 2008) Daraus ergeben sich einige Unterschiede, die das IT-Projektmanagement im Vergleich zum herkömmlichen Projektmanagement schwieriger gestalten. Dazu zählt FEYHL eine schwierige Aufwands- und Kostenschätzung, schwierige Qualitätssicherung, für IT-Laien oft nicht nachvollziehbare Ergebnisse, Benutzerakzeptanz, Change-Management sowie das Management und die Mitarbeiterführung. (Feyhl 2004, S. 4) Bestätigt wird dies durch eine mit 68 Prozent hohe Quote an gescheiterten Projekten, in denen nicht innerhalb der zeitlich und finanziell vorgegebenen Ressourcen das Produkt mit den geforderten Funktionen und Eigenschaften fertig gestellt wurde. (Standish Group 2009) In der Literatur und diversen Studien finden sich hierfür folgende Ursachen:

- Unvollständige / mangelhafte Anforderungen (Engel und Quadejacob 2008, S. 3; Gaulke 2004, S. 43–47; Held 2010; Yoe 2002, S. 245)
- Sich ändernde Anforderungen (Gaulke 2004, S. 43–47; Yoe 2002, S. 245)
- Fehlende / unzureichende Benutzereinbindung (Engel und Quadejacob 2008, S. 3; Gaulke 2004, S. 43–47; Yoe 2002, S. 245)
- Unrealistische Erwartungen (Gaulke 2004, S. 43–47; Wallmüller 2004, S. 75; Yoe 2002, S. 245)
- Fehlende Unterstützung durch das Management (Engel und Quadejacob 2008, S. 3; Gaulke 2004, S. 43–47)
- Mangelhafte Planung (Gaulke 2004, S. 43–47)
- Mangelhafte Kommunikation (Engel und Quadejacob 2008, S. 3; Held 2010; Yoe 2002, S. 245)
- Inflexibilität (Held 2010)

- Mangelhafter Umgang mit Problemen (Engel und Quadejacob 2008, S. 3; Held 2010; Wallmüller 2004, S. 75; Yoe 2002, S. 245)

Als ein geeignetes IT-Projektmanagement wird in dieser Arbeit eine Methodik definiert, die ein Projekt erfolgreich, also unter Termineinhaltung, Budgeteinhaltung und Anforderungserfüllung abschließt und dabei Bestandteile zur Vermeidung der oben genannten Ursachen beinhaltet. Zur Übersichtlichkeit werden diese in folgende Kategorien gegliedert:

Requirements Engineering und Change Management (Unvollständige / mangelhafte Anforderungen, sich ändernde Anforderungen, unrealistische Erwartungen)

Risikomanagement (Fehlende Unterstützung durch das Management, mangelhafter Umgang mit Problemen)

Qualitätsmanagement (Fehlende / unzureichende Benutzereinbindung, Anforderungserfüllung)

Prozesse, Anpassbarkeit und Flexibilität (Inflexibilität, mangelhafte Kommunikation, Termineinhaltung)

Rollen und Verantwortung (Mangelhafte Planung, mangelhafte Kommunikation, Termineinhaltung, Budgeteinhaltung)

5.2 Eignung von Scrum für das Management von IT-Projekten

Mit Hilfe der Kriterien aus dem vorigen Abschnitt erfolgt hier eine Bewertung von Scrum hinsichtlich seiner Eignung für das Management von IT-Projekten. Dabei werden auch Stärken und Schwächen von Scrum aufgedeckt, die als Hilfe für eine alternative Bewertung genutzt werden können.

Requirements Engineering und Change Management (Unvollständige / mangelhafte Anforderungen, sich ändernde Anforderungen, unrealistische Erwartungen)

Unvollständige und unterschiedlich detaillierte Anforderungen sind in Scrum, gerade zu Projektbeginn, ausdrücklich vorgesehen, solange genügend bekannt ist, um mit der Arbeit zu beginnen und diese im Verlauf des Projekts vervollständigt, angepasst und detailliert werden. Für diese Aufgabe gibt es den Product Owner, der sie mit Hilfe der Anwender und Kunden umsetzt. Einen Mechanismus, der den Product Owner davon abhält unrealistische Anforderungen seitens der Kunden aufzunehmen, gibt es in Scrum nicht. Lediglich die Möglichkeit des Teams, dem Product Owner nur das zuzusichern, was es zu leisten imstande ist (➜ 3.5.2), könnte ihn dazu veranlassen, sich dem Kunden gegenüber entsprechend zu verhalten.

Andererseits ist es SEIBERT (Seibert 2007, S. 47) zufolge, aufgrund des Fehlens vollständiger Anforderungen zu Beginn eines Projekts, schwierig Festpreisverträge zu schließen, da hierfür die Grundlage fehlt, wie sie beispielsweise ein Lastenheft bieten würde.

Im V-Modell XT (➜ 2.2.2) werden Anforderungen, wie auch im Wasserfall-Modell (➜ 2.2.1), zu Beginn des Projekts festgelegt. Für mögliche Änderungen stellt nur das V-Modell XT entsprechende Rollen und Prozesse bereit. (o. V. 2009, S. 192–193) Extreme Programming sieht hierfür vor, einen Anwender direkt in das Entwicklerteam einzubinden.

Risikomanagement (Fehlende Unterstützung durch das Management, mangelhafter Umgang mit Problemen)

Für das Erkennen und Bekämpfen von Risiken finden sich in Scrum verschiedene Mechanismen. Zum einen ist das die ständige Fortschrittskontrolle durch das tägliche Daily Scrum, in der mögliche Abweichungen vom Zeitplan oder Probleme, die dem Team begegnen, frühzeitig erkannt und entsprechende Maßnahmen ergriffen werden können. Dasselbe erfolgt auch am Ende von jedem Sprint unter Einbindung der Kunden und Anwender.

Zusätzlich gibt es den Scrum Master, dessen primäre Aufgabe darin besteht, alles, was die Arbeit des Teams gefährden könnte, auch eine fehlende Unterstützung durch das Management oder andere Fachbereiche zu identifizieren und mit allen nötigen Mitteln zu bekämpfen.

Im V-Modell XT ist das Risikomanagement Bestandteil des für alle Projekttypen vorgeschriebenen Vorgehensbaustein Projektmanagement. (o. V. 2009, S. 189–190)

Qualitätsmanagement (Fehlende / unzureichende Benutzereinbindung, Anforderungserfüllung)

Um sicherzustellen, dass am Ende des Projekts der Kunde das Produkt erhält, das seinen Anforderungen entspricht, fordert Scrum, ihm am Ende eines jeden Sprints eine potentiell auslieferbare Funktionalität zu präsentieren, anhand dieser er gegebenenfalls Verbesserungs- oder Änderungswünsche äußern kann. Auf diese Weise kann der Kunde die Entwicklung beeinflussen, um am Ende die Funktionalitäten zu erhalten, die er tatsächlich möchte, anstatt die, von denen er zu Beginn dachte sie zu wollen.

Im V-Modell XT wird die nächste Phase erst begonnen, wenn an Entscheidungspunkten ein vorher definierter Fortschritt erreicht ist. (→ 2.2.2) Daneben schreibt es für alle Projekttypen den Vorgehensbaustein Qualitätssicherung vor. (o. V. 2009, S. 190–191)

Prozesse, Anpassbarkeit und Flexibilität (Inflexibilität, mangelhafte Kommunikation, Termineinhaltung)

Die Anpassbarkeit von Scrum ist innerhalb der vorgegebenen Regeln (tägliches Daily Scrum, maximal ein Monat pro Sprint etc.) ausdrücklich vorgesehen und findet im Rahmen der empirischen Prozesssteuerung statt. Durch die iterativ inkrementelle Vorgehensweise ist es außerdem prinzipiell möglich, nach jedem Sprint die Zielsetzung des Projekts zu überdenken und neu auszurichten oder den Beschluss zu fassen, das Produkt vorzeitig, mit eventuell reduzierter Funktionalität, zum Einsatz zu bringen. Andererseits gibt es keine Belege dafür, dass sich Scrum bei Projekten erfolgreich anwenden lässt, die sich nicht iterativ durchführen lassen.

Auch wenn Scrum bereits in großen Umfängen erfolgreich eingesetzt wurde, als Beispiel sei hier Yahoo mit über 150 weltweit verteilt arbeitenden Teams genannt (Benefield 2008, S. 1), steigt mit der Größe auch der Bedarf an Kommunikation und Dokumentation, wodurch SEIBERT (Seibert 2007, S. 46–47) zufolge einiges an Agilität eingebüßt wird.

Ferner bietet Scrum keine Praktiken, die für die Entwicklungsarbeit hilfreich sein könnten, sondern lässt diesen Teil offen und überlässt die Entwickler damit sich selbst. Extreme Programming beschreibt keine Prozesse, sondern nur Handlungspraktiken, die sich auf die eigentliche Entwicklungsarbeit beschränken. Das V-Modell XT lässt sich vor Projektbeginn an den gewünschten Projekttyp anpassen und darüber hinaus auch beliebig erweitern.

Rollen und Verantwortung (Mangelhafte Planung, mangelhafte Kommunikation, Termineinhaltung, Budgeteinhaltung)

In Scrum gibt es drei obligatorische Rollen mit klar definierten Aufgaben und Verantwortlichkeiten.

Die Verantwortung für das Projekt und dessen Erfolg liegen allein beim Product Owner. Dieser verantwortet die Einhaltung von Budget und Termin gegenüber dem Kunden, während sich auf der anderen Seite das Team ihm gegenüber verpflichtet, bei jedem Sprint bestimmte Anforderungen zu realisieren.

Scrum gibt eine Reihe von Meetings vor, die eine Kommunikation zwischen allen Projektbeteiligten, einschließlich Anwender und Kunden, sicherstellen und eine realistische Planung ermöglichen sollen. Diese Meetings, insbesondere die täglichen, sind aber auch eine Herausforderung, sobald verteilte Teams z. B. kulturell oder durch Zeitzonen bedingte Barrieren zu überwinden haben.

Das V-Modell XT gibt abhängig vom Projekttyp unterschiedliche Rollen mit entsprechenden Verantwortungen vor. Extreme Programming hingegen kennt keine festen Rollen oder konkrete Verantwortlichkeiten und stützt sich stattdessen auf Werte wie Kommunikation oder Feedback.

Zusammenfassend lässt sich sagen, dass sich Scrum, zumindest für iterativ durchführbare IT-Projekte, erfolgreich einsetzen lässt und sich damit auch die meisten der hier aufgeführten Ursachen gescheiterter Projekte vermeiden lassen.

5.3 Weitere Einsatzmöglichkeiten

Nach der Bewertung von Scrum bezüglich seiner Eignung für das Management von IT-Projekten erfolgt dies nun im Hinblick auf dessen Einsatzmöglichkeiten außerhalb des IT-Projektmanagements. Dabei wird beleuchtet, wann der Einsatz von Scrum geeignet sein kann und wann eher auf andere Methodiken oder Vorgehensweisen zurückgegriffen werden sollte.

Auch wenn in dieser Arbeit Scrum mit dem Fokus auf IT-Projekte betrachtet wird, gibt es in Scrum keine Beschränkung, die besagt, dass es sich bei dem zu entwickelnden Produkt um Software handeln muss. Festgestellt wurde auch, dass sich das IT-Projektmanagement vom klassischen lediglich im Gegenstand unterscheidet und sich schwieriger gestaltet (→ 5.1). Unter der Voraussetzung, dass der Umkehrschluss zutrifft, also, dass das klassische Projektmanagement mit weniger Schwierigkeiten verbunden ist als das IT-Projektmanagement, kann angenommen werden, dass sich mit Scrum beliebige Projekte auch außerhalb der IT durchführen lassen. (Bleek und Wolf 2008, S. 149) Hierfür findet sich beispielsweise das Beratungsunternehmen wibas GmbH, das potentiellen Kunden anbietet, „mit Ihnen Scrum auch außerhalb des IT Umfelds" (wibas GmbH) umzusetzen. Für eine fundierte Aussage über die tatsächliche Anwendbarkeit mangelt es allerdings an öffentlich zugänglichen Untersuchungen, Erfahrungsberichten oder ähnlichem. Daher sollten Versuche, Scrum bei IT-fremden Projekten einzusetzen, nur dann erfolgen, wenn das Scheitern des Projekts ein Risiko ist, das in Kauf genommen werden kann.

5.4 Grenzen der Analyse

In diesem Kapitel erfolgt eine kritische Diskussion über die Grenzen dieser Arbeit und der darin enthaltenen Ausführungen.

Scrum ist eine Methodik, für die sich kaum auf Langzeiterfahrung (z. B. über einen Zeitraum von zehn Jahren oder mehr) basierende Erfahrungsberichte finden lassen. Darüber hinaus mangelt es an Erfahrungsberichten über den Einsatz von Scrum außerhalb von IT-Projekten, sodass keine praktisch fundierten Aussagen über die Eignung von Scrum für andere Projekte getroffen werden können und es daher einer empirischen Überprüfung bedarf.

Zur Skalierbarkeit von Scrum finden sich in dieser Arbeit zwar einige Aspekte, diese fallen aber sehr rudimentär aus. Eine umfassendere Analyse der Skalierbarkeit von Scrum bleibt daher weiteren Untersuchungen überlassen.

Der Praxisteil dieser Arbeit beschränkt sich auf ein einzelnes beobachtetes Unternehmen. Im Einzelnen bedeutet dies die aktive und passive Teilnahme (z. B. an Sprint Planning Meetings, Daily Scrum etc.) sowie Gespräche mit unterschiedlichen, an Scrum beteiligten Mitarbeitern und Teams. Das Praxisbeispiel ist daher nur als ein Beispiel dafür zu betrachten, dass und wie die Einführung von Scrum funktionieren kann und welche Folgen eintreten können. Ein Schließen auf allgemeingültige Aussagen ist daher, wenn überhaupt, nur sehr eingeschränkt möglich und in dieser Arbeit daher nicht erfolgt.

Zur Einführung und Umsetzung von Scrum bei der telegate Media AG lässt sich sagen, dass nicht von allen eingetretenen Veränderungen eindeutig behauptet werden kann, dass diese auf Scrum zurückzuführen sind. Es kann nicht ausgeschlossen werden, dass durch die Einführung einer anderen Methodik oder mit anderen Maßnahmen nicht ähnliche Effekte hätten erzielt werden können. Auch der Einfluss der außerhalb von Scrum durchgeführten und stattfindenden Umstrukturierungsmaßnahmen im Unternehmen kann nicht eindeutig von den durch Scrum bedingten Änderungen abgegrenzt werden.

6. Fazit

Mit einigen abschließenden Worten und einer Zusammenfassung der wesentlichen Punkte schließt diese Arbeit mit diesem Kapitel.

Scrum gehört zu den agilen Methodiken, deren Autoren versuchen, die Komplexität und den Umfang der Softwareentwicklung im Vergleich zu bisherigen Methodiken zu reduzieren und zu vereinfachen, und dafür das agile Manifest mit seinen vier Bewertungen und zwölf Prinzipien aufgestellt haben, welche sich zum großen Teil in Scrum widerspiegeln. Mit nur drei Rollen und wenigen Regeln ist Scrum recht einfach, stellt aber auch hohe Anforderungen an die Beteiligten. Das Team organisiert sich selbst und hat damit die Freiheit und die Verpflichtung, das mit dem Product Owner ausgehandelte Sprint-Ziel eigenständig zu erreichen. Der Product Owner versorgt das Team mit Anforderungen und trägt die Verantwortung für den Erfolg des Projekts. Der Scrum Master beschützt das Team vor allem, was sich negativ auf dessen Arbeit auswirkt und sorgt dafür, dass sich alle an die Regeln halten und dass Scrum funktioniert. Wenn Scrum richtig eingesetzt wird, können damit schnell nutzbare Produkte entwickelt werden. Die empirische Prozesssteuerung sorgt zudem dafür, dass eine ständige Verbesserung sowohl der Entwicklung als auch der gemeinsamen Arbeit stattfindet.

Das Praxisbeispiel zeigt, dass sich mit Scrum erfolgreich Software entwickeln lässt. Dass sich Scrum auch in sehr großem Umfang und verteilt einsetzen lässt, zeigt Yahoo mit 150 verteilt arbeitenden Scrum Teams.

Scrum selbst sowie diese Arbeit bieten in Bezug auf die Skalierbarkeit und die Anwendung in Projekten außerhalb der Softwareentwicklung einige Aspekte, an denen weitere Forschungen ansetzen können.

Literaturverzeichnis

Abrahamsson, Pekka (2002): Agile software development methods. Review and analysis. VTT, Espoo.

Bea, Franz Xaver; Scheurer, Steffen; Hesselmann, Sabine (2008): Projektmanagement. Lucius & Lucius, Stuttgart.

Beck, Kent (2003): Extreme programming explained. Embrace change. 10. print. Addison-Wesley, Boston, Mass. [u.a.].

Beck, Kent; Beedle, Mike; van Bennekum, Arie; Cockburn, Alistair; Cunningham, Ward; Fowler, Martin; Grenning, James; Highsmith, Jim; Hunt, Andrew; Jeffries, Ron; Kern, Jon; Marick, Brian; Martin, Robert C.; Mellor, Steve; Schwaber, Ken; Sutherland, Jeff; Thomas, Dave (2001): Manifesto for Agile Software Development. http://agilemanifesto.org/, Abruf am 2010-11-03.

Benefield, Gabrielle (2008): Rolling out Agile in a Large Enterprise. In: 41st Hawaii International Conference on System Sciences. Waikoloa, Big Island, Hawaii USA, S. 461.

Bernhard, Martin G.; Blomer, Roland; Bonn, Jürgen (2003): Strategisches IT-Management. 1. Aufl. Symposion, Düsseldorf.

Bleek, Wolf-Gideon; Wolf, Henning (2008): Agile Softwareentwicklung. Werte, Konzepte und Methoden. 1. Aufl. Dpunkt-Verl., Heidelberg.

Cockburn, Alistair (2005): Crystal clear. Agile Software-Entwicklung für kleine Teams; [Strategien Rollen und Prozesse; typische Fehler erkennen und vermeiden; zahlreiche Praxisbeispiele und eine detaillierte Fallstudie]. 1. Aufl. mitp, Bonn.

Cockburn, Alistair; Dieterle, Rüdiger (2008): Use Cases effektiv erstellen. [das Fundament für gute Software-Entwicklung ; Geschäftsprozesse modellieren mit Use Cases ; die Regeln für Use Cases sicher beherrschen]. 1. Nachdr. mitp/REDLINE, Heidelberg.

Cohn, Mike (2004): User stories applied. For agile software development. Addison-Wesley, Boston, Mass., Munich.

Cohn, Mike (2008): Agile estimating and planning. 7. print. Prentice Hall, Upper Saddle River, NJ [u.a.].

Cohn, Mike (2010): Agile Softwareentwicklung. Mit Scrum zum Erfolg! Addison-Wesley, München.

Coldeway, Jens (2003): Agile Entwicklung - ein Überblick. In: HMD - Praxis der Wirtschaftsinformatik (231), S. 46–54.

Coplien, James O. (1994): Borland Software Craftsmanship: A New Look at Process, Quality and Productivity. In: Proceedings of the 5th Annual Borland International Conference. Orlando, Florida USA.

De Luca, Jeff (o. J.): The Latest FDD Processes. http://www.nebulon.com/articles/fdd/latestfdd.html, Abruf am 2010-11-28.

Dechko, Anton (2010): Agile Methoden - Stärken und Schwächen von Scrum. In: Toolbox (5), S. 116–117.

Deuringer, Christian (2000): Organisation und Change Management. Ein ganzheitlicher Strukturansatz zur Förderung organisatorischer Flexibilität. Deutscher Universitäts-Verlag.

Doppler, Klaus; Lauterburg, Christoph (2008): Change Management. Den Unternehmenswandel gestalten. 12., aktualis. u. erw. Aufl. Campus, Frankfurt am Main.

Dubinsky, Yael; Hazzan, Orit (2008): Agile Software Engineering. Springer-Verlag London, London.

Eickmann, Marion (2009a): Facettenreich - Teil 2: Die Rolle des Scrum Master. In: iX Magazin für professionelle Informationstechnik (9), S. 122–125.

Eickmann, Marion (2009b): Geregelte Selbstbestimmung - Ein Plädoyer für agile Softwareentwickung mit Scrum. In: iX Magazin für professionelle Informationstechnik (6), S. 110–112.

Eickmann, Marion (2009c): Teamgeist - Teil 3: Die Rolle des Entwicklungsteams. In: iX Magazin für professionelle Informationstechnik (10), S. 131–134.

Engel, Claus; Quadejacob, Nils (2008): Studie von GPM und PA Consulting: Fünf Erfolgsfaktoren für Projekte. In: Projekt Magazin (19 - Sonderdruck), S. 1–6.

Faerber, Matthias (2010): Ein Konzept zur Implementierung von prozessorientierten Qualitätsmanagementsystemen. 1. Aufl. Betriebswirtschaftlicher Verlag Gabler, Wiesbaden.

Feyhl, Achim W. (2004): Management und Controlling von Softwareprojekten. Software wirtschaftlich auswählen, entwickeln, einsetzen und nutzen. 2., überarb. und erw. Aufl. Gabler, Wiesbaden.

Gaulke, Markus (2004): Risikomanagement in IT-Projekten. 2., überarb. Aufl. Oldenbourg, München [u.a.].

Glen, Paul (2003): Leading geeks. How to manage and lead people who deliver technology. Jossey-Bass; Wiley, San Francisco, CA, Hoboken, NJ.

Gloger, Boris (2009): Scrum. Produkte zuverlässig und schnell entwickeln. 2. Aufl. Hanser, München.

Gloger, Boris (2010): Scrum - Der Pradigmenwechsel im Projekt- und Produktmanagement – Eine Einführung. In: Informatik-Spektrum 33 (2), S. 195–200.

Hammerstein, Oliver-Arne (2009): Scrum. In: projektMANAGEMENT aktuell (4), S. 28–32.

Hanser, Eckhart (2010): Agile Prozesse Von XP über Scrum bis MAP. Springer-Verlag Berlin Heidelberg, Berlin, Heidelberg.

Hartmann, Johann-Peter; Schotte, Björn (2008): Enterprise PHP 5. Serviceorientierte und webbasierte Anwendungen für den Unternehmenseinsatz. Hanser, München.

Held, Gerhard (2010): IT-Projekte scheitern an Software – Projektmanagement verbessern. http://www.suite101.de/content/it-projekte-und-ihre-grundsaetzliche-problematik-a84617, Abruf am 2011-01-09.

Highsmith, James A. (2000): Adaptive software development. A collaborative approach to managing complex systems. Dorset House Pub., New York.

Highsmith, Jim (2001): History: The Agile Manifesto. http://agilemanifesto.org/history.html, Abruf am 2010-11-03.

Hoffmann, Dirk W. (2008): Software-Qualität. Springer, Berlin.

Huber, Eberhard; Lindenhahn, Sven (2010): Teamwork: Warum Projektteams erfolgreicher sind als Projektgruppen. In: OBJEKTspektrum (2), S. 10–16.

Keßler, Heinrich; Winkelhofer, Georg (2004): Projektmanagement. Leitfaden zur Steuerung und Führung von Projekten ; mit 42 Tabellen. 4., überarb. Aufl. Springer, Berlin.

Kirk, Wolfgang (2010): Public Management. Die Gestaltung von Dienstleistungen im allgemeinen Interesse : Prozessmanagement. Books on Demand, Norderstedt.

Kniberg, Henrik; Skarin, Mattias (2010): Kanban and Scrum - Making the Most of Both. Lulu Enterprises Inc.

Koch, Dirk (2008): Neue Ansätze und Entwicklungen im Projektmanagement. Die Bewältigung von Unbestimmtheiten und Grenzen der Planung. Diplomica Verl., Hamburg.

Lautenbach, Ernst (2002): Latein-Deutsch: Zitaten-Lexikon. Quellennachweise. Lit Verlag, Münster.

Lister, Tim (2007): An Introduction to Agile Leadership. An Introduction to Agile Leadership, Abruf am 2010-12-06 (Videoaufzeichnung des Vortrags im Rahmen der Agile series conference am 28.06.2007).

Litke, Hans-Dieter (2007): Projektmanagement. Methoden Techniken Verhaltensweisen evolutionäres Projektmanagement. 5., erw. Aufl. Hanser, München.

Madachy, Raymond J. (2008): Software process dynamics. Wiley/IEEE, Hoboken, NJ.

Mitchell, Stephen A.; Oslin, Judith L.; Griffin, Linda L. (2006): Teaching sport concepts and skills. A tactical games approach. 2nd ed. Human Kinetics, Champaign IL.

_o. V._ (2009): V-Modell-XT. http://ftp.tu-clausthal.de/pub/institute/informatik/v-modell-xt/Releases/1.3/V-Modell-XT-Gesamt.pdf, Abruf am 2010-12-20.

Pichler, Roman (2009): Scrum - Agiles Projektmanagement erfolgreich einsetzen. 1. Aufl., korrigierter Nachdruck. dpunkt, Heidelberg.

Poppendieck, Mary; Poppendieck, Tom (2003): Lean Software Development. An Agile Toolkit. Addison Wesley.

Pries, Kim H.; Quigley, Jon M. (2011): Scrum project management. CRC Press, Boca Raton, FL.

PURI, C. P. (2009): AGILE MANAGEMENT: Feature Driven Development. Global India Publications, New Delhi (India).

Rising, L. (2000): The Scrum Software Development Process for Small Teams. In: Institute of Electrical and Electronics Engineers 17 (4), S. 26–32.

Ruf, Walter; Fittkau, Thomas (2008): Ganzheitliches IT-Projektmanagement. Wissen, Praxis, Anwendungen. Oldenbourg, München [u.a.].

Schönsleben, Paul (2001): Integrales Informationsmanagement. Informationssysteme für Geschäftsprozesse ; Management, Modellierung, Lebenszyklus und Technologie. 2., vollst. überarb. und erw. Aufl. Springer, Berlin [u.a.].

Schüren, Jens (2009): Agile Profiköche - Scrum im Multiprojektbetrieb bei mobile.de. In: iX Magazin für professionelle Informationstechnik (9), S. 95–98.

Schwaber, Ken (2004): Agile project management with scrum. Microsoft Press, Redmond, Washington.

Schwaber, Ken (2007): The enterprise and scrum. Microsoft Press, Redmond, Wash.

Schwaber, Ken; Beedle, Mike (2002): Agile software development with Scrum. Pearson Education internal. Pearson/Prentice Hall, Upper Saddle River, NJ.

Schwaber, Ken; Sutherland, Jeff (2010): Scrum Guide. http://www.scrum.org/scrumguideenglish/, Abruf am 2010-11-10.

Seibert, Siegfried (2007): Agiles Projekmanagement. In: projektMANAGEMENT aktuell (1), S. 41–49.

Shore, James; Warden, Shane (2008): The art of agile development. 1. ed. O'Reilly, Sebastopol Calif. u.a.

Standish Group (2009): New Standish Group report shows more project failing and less successful projects. http://www1.standishgroup.com/newsroom/chaos_2009.php, Abruf am 2010-12-20.

Stobbs, Gregory A. (2000): Software patents. 2. ed. Aspen Law & Business, Gaithersburg, Md.

Sutherland, Jeff (2004): Agile Development: Lessons Learned from the First Scrum. http://www.scrumalliance.org/resources/35, Abruf am 2010-06-13.

Sutherland, Jeff (2005): Future of Scrum: Parallel Pipelining of Sprints in Complex Projects. In: AGILE2005 International Conference. Denver, Colorado USA, S. 90–99.

Sutherland, Jeff; Viktorov, Anton; Blount, Jack (2006): Distributed Scrum: Agile Project Management with Outsourced Development Teams. In: AGILE2006 International Conference. Minneapolis, Minnesota USA, S. 1–8.

Takeuchi, Hirotaka; Nonaka, Ikujiro (1986): The new new product development game. In: Harvard business review, S. 137–146.

The Agile Alliance: Principles behind the Agile Manifesto. http://agilemanifesto.org/iso/en/principles.html, Abruf am 2010-11-15.

Versteegen, Gerhard (2002): Software-Management. Beherrschung des Lifecycles. Springer.

Versteegen, Gerhard; Salomon, Knut; Heinold, Rainer (2001): Change Management bei Software Projekten. Springer Berlin.

Vigenschow, Uwe (2008): Agile Entwicklungsteams führen - Selbstorganisation in der Praxis. In: HMD - Praxis der Wirtschaftsinformatik (260), S. 86–94.

Vizdos, Michael; Clark, Tony: The Classic Story of the Pig and Chicken. http://www.mountaingoatsoftware.com/pages/8-the-daily-scrum-meeting, Abruf am 2010-12-13.

Wallmüller, Ernest (2004): Risikomanagement für IT- und Software-Projekte. Ein Leitfaden für die Umsetzung in der Praxis. Hanser, München [u.a.].

wibas GmbH: Warum Scrum mit wibas. http://www.wibas.de/services/scrum/warum_scrum_mit_wibas/index_de.html, Abruf am 2011-01-12.

Wieczorrek, Hans W.; Mertens, Peter (2010): Management von IT-Projekten. Von der Planung zur Realisierung. 4., überarb. und erw. Aufl. Springer, Berlin.

Wiedmann, Stefan (2006): Erfolgsfaktoren der Mitarbeiterführung. Interdisziplinäres Metamodell zur strukturierten Anwendung einsatzfähiger Führungsinstrumente. Univ., Diss.--Hohenheim, 2005. Dt. Univ.-Verl, Wiesbaden.

Wirdemann, Ralf (2009): Scrum mit User Stories. Hanser, München.

Wolf, Henning; Roock, Arne (2008): Agilität wird Mainstream: Ergebnisse der Online-Umfrage 2008. In: OBJEKTspektrum (3), S. 10–13.

Yoe, K. T. (2002): Critical failure factors in information system projects. In: International Journal of Project Management (20), S. 241–246.